Umsatzsteuer kompakt

von

Prof. Dr. Torsten Wengel
Fachhochschule Koblenz

Oldenbourg Verlag München Wien

Bibliografische Information der Deutschen Nationalbibliothek

Die Deutsche Nationalbibliothek verzeichnet diese Publikation in der Deutschen
Nationalbibliografie; detaillierte bibliografische Daten sind im Internet über
<http://dnb.d-nb.de> abrufbar.

© 2008 Oldenbourg Wissenschaftsverlag GmbH
Rosenheimer Straße 145, D-81671 München
Telefon: (089) 4 50 51-0
oldenbourg.de

Lektorat: Wirtschafts- und Sozialwissenschaften, wiso@oldenbourg.de
Herstellung: Anna Grosser
Coverentwurf: Kochan & Partner, München
Cover-Illustration: Hyde & Hyde, München
Gedruckt auf säure- und chlorfreiem Papier
Druck: Grafik + Druck, München
Bindung: Thomas Buchbinderei GmbH, Augsburg

ISBN 978-3-486-58407-3

Vorwort

Das vorliegende Buch führt in das (deutsche) Umsatzsteuerrecht ein, ohne dass steuerliche oder betriebswirtschaftliche Grundkenntnisse vorausgesetzt werden.

Es ist daher besonders für Laien, Studierende sowie kaufmännisch Interessierte geeignet, die die Umsatzsteuer erlernen, ihre Systematik verstehen und im täglichen Geschäftsleben bei den einzelnen auftretenden Geschäftsvorfällen sicher anwenden wollen oder sich auf Prüfungen vorbereiten.

Die Umsatzsteuer dürfte im täglichen unternehmerischen Geschäftsleben von den verschiedenen Steuerarten wohl die bedeutendste Stellung einnehmen, weil mit jedem erzielten Umsatz zugleich auch die Prüfung der Steuerbarkeit, Steuerfreiheit oder Steuerpflicht verbunden ist. Losgelöst davon, wie die umsatzsteuerliche Rechnung dann im Einzelnen auszusehen hat oder welcher Steuersatz bei Vorliegen der Steuerpflicht berücksichtigt werden muss. Neben den Ausgangsumsätzen eines Unternehmens sind auch die Eingangsumsätze und mit ihnen der Vorsteuerabzug zu bestimmen. Insofern berührt fast jeder Geschäftsvorfall das Umsatzsteuerrecht, so dass die Akteure im täglichen Geschäft eine höhere Vertrautheit im Umsatzsteuerrecht benötigen als in anderen Steuerarten. Zur Festigung und Kontrolle des umfangreichen Lernstoffes endet deshalb jedes Kapitel mit Fragen und Lösungen.

Rechtsstand der Ausführungen ist November 2007.

Idealerweise sollten Sie die im Text angegebenen Paragrafen nach- bzw. mitlesen, damit Ihnen die spezielle Art der Gesetzessprache vertraut wird, Sie den Umgang mit dem Gesetz, seiner Auslegung und Interpretation lernen.

Mein Dank für die Mithilfe bei der Erstellung dieses Buches gilt insbesondere Frau Elfriede Rott, Dipl.-Bw. Sandra Schleicherdt, Katja Schmitt, Aysel Korkmaz, Barbara Neukirchen, Katrin Pfrüner, Dipl.-Bw. Ruth Geisbüsch, Dipl.-Bw. Silvia Benderoth, Dipl.-Bw. Franziska Bienz, Dipl.-Bw. Helmut Häfner, Gereon Reuter, Dipl.-Bw. Mathias Schnell, Dipl.-Bw. Sven Schwelgin und Dipl.-Bw. Bernd Tilgner.

Köln, im November 2007   Torsten Wengel

Inhalt

Abbildungsverzeichnis

Abkürzungsverzeichnis

Abs.	Absatz
AO	Abgabenordnung
Art.	Artikel
Aufl.	Auflage
BewG	Bewertungsgesetz
BGB	Bürgerliches Gesetzbuch
BMF	Bundesministerium der Finanzen
BStBl.	Bundessteuerblatt
bspw.	beispielsweise
d.h.	das heißt
EStG	Einkommensteuergesetz
EUSt	Einfuhrumsatzsteuer
f.	folgende
ff.	fortfolgende
ggf.	gegebenenfalls
grds.	grundsätzlich
idF.	in der Fassung
idR.	in der Regel
iHv.	in Höhe von
inkl.	inklusive
iRd.	im Rahmen der
iSd.	im Sinne des
iSv.	im Sinne von
iVm.	in Verbindung mit
LStR	Lohnsteuer-Richtlinien
Nr.	Nummer
R	Richtlinie
S.	Satz
sog.	so genannte
u.a.	unter anderem
UStDV	Umsatzsteuer-Durchführungsverordnung

UStG	Umsatzsteuergesetz
UStR	Umsatzsteuerrichtlinien
usw.	und so weiter
vgl.	vergleiche
v.H.	vom Hundert
z.B.	zum Beispiel

1 Der Charakter der Umsatzsteuer und ihre ertragsteuerliche Behandlung

Die Umsatzsteuer zählt mit zu den wichtigsten Einnahmequellen des Staates, die dem Bund, den Ländern (**Gemeinschaftsteuer**) und in geringem Maße der Europäischen Union zusteht.

Die Umsatzsteuer ist eine **Verkehrs- und Verbrauchssteuer**. Die Verkehrssteuern knüpfen an Vorgänge des Rechts- und Wirtschaftsverkehrs an und Verbrauchssteuern im weitesten Sinne an die Belastung des Konsums von Verbrauchsgütern oder an den Erwerb von Gebrauchsgütern.

Sowohl die Verbrauchssteuern als auch die Verkehrssteuern belasten die **Einkommensverwendung** der Steuerpflichtigen. Ferner ist die Umsatzsteuer eine **indirekte Steuer**, da der Steuerschuldner (der Unternehmer) die wirtschaftliche Belastung auf einen Dritten, den Steuerträger (Verbraucher), grundsätzlich überwälzen kann.

Die **ertragsteuerliche Behandlung** der Umsatzsteuer ist in Abhängigkeit der Gewinnermittlungsart bzw. Einkunftsart zu beurteilen:
* Führt der Unternehmer Umsätze im Rahmen einer **Überschuss-Einkunftsart** aus (z.B. Vermietung und Verpachtung) oder ermittelt er den Gewinn bei einer **Gewinneinkunftsart** (§§ 13, 15, 18 EStG) durch eine **Einnahmen-Überschuss-Rechnung** (§ 4 Abs. 3 EStG), so ist die vereinnahmte Umsatzsteuer als **Einnahme** bzw. **Betriebseinnahme** zu erfassen und die gezahlte Vorsteuer als **Werbungskosten** bzw. **Betriebsausgabe** zu berücksichtigen.
* Sofern der Gewinn bei einer **Gewinneinkunftsart** durch **Betriebsvermögensvergleich** (§ 4 Abs. 1 EStG) ermittelt wird, stellt die Umsatzsteuer bilanziell eine **sonstige Verbindlichkeit** gegenüber dem Finanzamt dar. Die abziehbare Vorsteuer ist als **sonstige Forderung** auszuweisen. Die Umsatzsteuer/ Vorsteuer wird hier – im Gegensatz zur Einnahmen-Überschuss-Rechnung – **erfolgsneutral** behandelt.[1]

---

[1] Vergleiche auch die Ausführungen unter dem Gliederungspunkt 14.5 *Die ertragsteuerliche Behandlung von nicht abziehbaren Vorsteuern* und dem Gliederungspunkt 21 *Wie wird die Umsatzsteuer und Vorsteuer gebucht?*

Fragen und Lösungen

1. Warum ist die Umsatzsteuer den Verkehrs- und Verbrauchssteuern zugeordnet?

   Die Verbrauchssteuern knüpfen – im Gegensatz bspw. zur Lohn- und Einkommensteuer oder Körperschaftsteuer – nicht an der Einkommensentstehung, sondern an der Einkommensverwendung an. Hierdurch wird der Gebrauch oder Verbrauch bestimmter Güter belastet.

   Verkehrssteuern werden auf Vorgänge erhoben, denen ein Güter- oder Leistungsaustausch zugrunde liegt. Damit knüpft sie an Akte des Rechtsverkehrs an, die ihre Grundlage in zivilrechtlichen Rechtsgeschäften haben und nicht an schlichte Handlungen (Realakte), wie Verbrauch oder Aufwand. Im Verhältnis zur Verbrauchssteuer sind Überschneidungen möglich.

2. Warum ist die Umsatzsteuer eine indirekte Steuer?

   Verbrauchssteuern sind indirekte Steuern, die auf den Verbrauch von Gütern erhoben werden und im Verkaufspreis der Leistung enthalten sind. Dies bedeutet, dass der Verbraucher sie beim Einkauf mitbezahlt und der Hersteller bzw. Verkäufer an das Finanzamt abführt. Somit sind Steuerschuldner und Steuerträger nicht identisch. Im Gegensatz zur direkten Steuer, bei der Steuerschuldner und Steuerträger eine Person ist. Bei der indirekten Steuer wird die Steuer nicht von der effektiv wirtschaftlich belasteten Person, also dem Steuerträger (Käufer der Leistung), an die Finanzbehörden abgeführt, sondern stellvertretend von einer anderen Person (Hersteller/ Verkäufer). Beispiel: Die Mineralölsteuer wird vom Mineralölherstellungsunternehmen gegenüber den Finanzbehörden geschuldet, gezahlt wird sie vom Kunden an der Tankstelle. Insofern zählen bspw. auch die Kaffeesteuer, Biersteuer, Tabaksteuer zu den indirekten Steuern im Gegensatz zu den direkten, wie bspw. Grundsteuer oder Kraftfahrzeugsteuer.

2 Umsatzsteuerlicher Unternehmer

Umsatzsteuerlicher Unternehmer ist, **wer** eine **gewerbliche oder berufliche Tätigkeit selbständig ausübt** (§ 2 Abs. 1 S. 1 UStG).

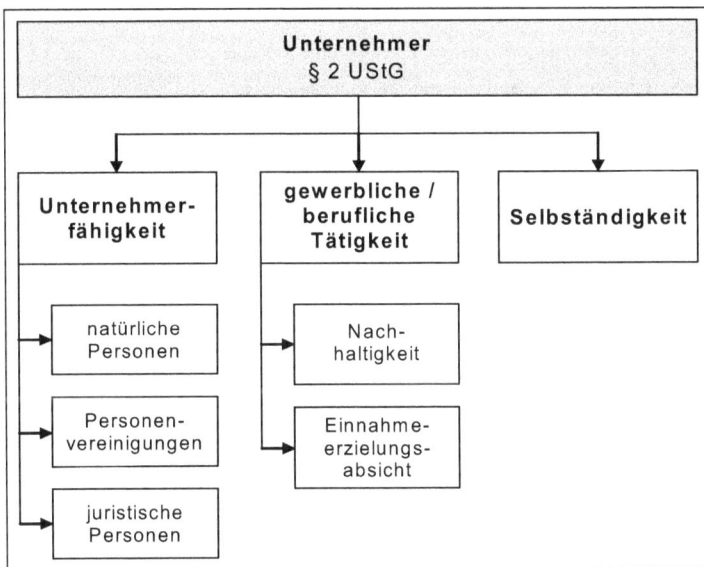

Abb. 2.1: Umsatzsteuerliche Unternehmermerkmale
In Anlehnung an Grefe, Cord: Unternehmenssteuern, 5. Auflage, Ludwigshafen 2001, S. 321

Nachfolgend werden die einzelnen Tatbestandsmerkmale der umsatzsteuerlichen Unternehmereigenschaft erläutert.

2.1   Unternehmerfähigkeit

Zunächst ist zu klären, **wer** Unternehmer sein kann bzw. es folgt die Prüfung der Unternehmereigenschaft bzw. -fähigkeit.

Nach Abschnitt 16 Abs. 1 UStR kann **jedes** wirtschaftliche Gebilde, unabhängig von seiner bürgerlich-rechtlichen Rechtsfähigkeit, Unternehmer iSd. Umsatzsteuergesetzes sein. Damit sind umsatzsteuerliche Unternehmer:

- **Natürliche Personen** (mit Vollendung der Geburt bis zum Tode)
- **Juristische Personen** (GmbH, AG, eingetragener Verein; bei juristischen Personen des öffentlichen Rechts kann sich die Unternehmereigenschaft nur auf Betriebe gewerblicher Art und auf land- und forstwirtschaftliche Betriebe erstrecken (§ 2 Abs. 3 UStG))
- **Personenzusammenschlüsse** (GbR, oHG, KG, nicht rechtsfähiger Verein, Ehegattengemeinschaft, Bruchteilsgemeinschaft usw.)

2.2   Gewerbliche oder berufliche Tätigkeit

Gewerblich oder beruflich ist **jede** (freiwillige) **nachhaltige Tätigkeit** zur Erzielung von **Einnahmen**, auch wenn die Absicht, **Gewinn** zu erzielen, fehlt oder eine Personenvereinigung nur gegenüber ihren Mitgliedern tätig wird (§ 2 Abs. 1 S. 3 UStG).

Als **Tätigkeiten** sind willentliche Handlungen zu verstehen, die sich im aktiven oder passiven Verhalten ausdrücken und die nach außen in Erscheinung treten und zur Einnahmeerzielung (im Leistungsaustausch) erfolgen.

Nachhaltigkeit ist anzunehmen, wenn mehrere gleichartige und planmäßige bzw. wiederholte Tätigkeiten unter Ausnutzung dergleichen Gelegenheit vorgenommen werden. Ebenso aber auch, wenn nur eine Handlung vorgenommen wird, bei der Wiederholungsabsicht besteht oder ein Dauerleistungszustand geschaffen wird. Unter planmäßige Tätigkeiten fallen bspw. die Anbringung eines Firmenschildes an der Eingangstür, die Anmietung von Räumen usw.

Ein Dauerleistungszustand ist ein Dauerzustand, der auf die Erzielung von Einnahmen gerichtet ist, wie bspw. die Vermietung.

Beispiele:

Sachverhalt: Stefan Kuhn betreibt als Einzelunternehmer in der Hamburger Innenstadt ein Geschäft für Haushaltswaren, in dem er unter anderem hin und wieder auch sehr hochwertige und seltene Porzellanteller verkauft.
Besitzt Herr Kuhn die umsatzsteuerliche Unternehmereigenschaft?

Lösung: Stefan Kuhn besitzt die umsatzsteuerliche Unternehmereigenschaft. Die Verkäufe der Produkte stellen gleichartige und planmäßige willentliche Handlungen (Tätigkeiten) dar, die wiederholt unter Ausnutzung dergleichen Gelegenheit erfolgen.

Sachverhalt: Ein Turnverein hält jedes Jahr ein Sommerfest ab, zu dem auch Nicht-Mitglieder gegen Eintrittsgeld Zugang haben.
Besitzt der Turnverein die umsatzsteuerliche Unternehmereigenschaft?

Lösung: Der Turnverein besitzt die umsatzsteuerliche Unternehmereigenschaft, da mehrere gleichartige und planmäßige Handlungen unter Ausnutzung dergleichen Gelegenheit vorliegen.

Sachverhalt: Ein Existenzgründer eröffnet am 01.09. sein Gewerbe. Nach der Ausführung des ersten Umsatzes wird durch das Gewerbeaufsichtsamt die weitere Ausübung untersagt.
Ist die umsatzsteuerliche Unternehmereigenschaft gegeben?

Lösung: Die Unternehmereigenschaft liegt vor, wenngleich der Unternehmer nur einmal tätig gewesen war. Entscheidend ist, dass eine Wiederholungsabsicht bestand.

Sachverhalt: Ein Arbeitnehmer verpachtet ein ihm privat gehörendes Grundstück als Lagerplatz.
Besitzt der Arbeitnehmer die umsatzsteuerliche Unternehmereigenschaft?

Lösung: Der Arbeitnehmer besitzt die umsatzsteuerliche Unternehmereigenschaft, da mit der Vermietung ein Dauerleistungszustand vorliegt.

Sachverhalt: Ein Arbeitnehmer verkauft ein bisher ungenutztes unbebautes Grundstück gegen eine Leibrente.
Ist die umsatzsteuerliche Unternehmereigenschaft gegeben?

Lösung: Der Arbeitnehmer besitzt keine umsatzsteuerliche Unternehmereigenschaft, da die Veräußerung des Grundstücks eine einmalige Handlung ist, die auf Errichtung eines so genannten Dauereinnahmezustands (nicht Dauerleistungszustand) gerichtet ist. Die Vereinbarung der Rente ist lediglich Zahlungsmodalität.

Sachverhalt: Eine Studentin verkauft ihr privates Auto für € 5.900 über Ebay.
Besitzt die Studentin die umsatzsteuerliche Unternehmereigenschaft?

Lösung: Nein, weil die Veräußerung des privaten Fahrzeugs eine einmalige Handlung ist.

2.3   Selbständigkeit

Der Begriff Selbständigkeit wird durch das Umsatzsteuergesetz nicht definiert, sondern durch § 2 Abs. 2 UStG nur negativ abgegrenzt. Danach wird eine gewerbliche oder berufliche Tätigkeit nicht selbständig ausgeübt:
- Soweit natürliche Personen derart in ein Unternehmen eingegliedert sind, dass sie verpflichtet sind, den **Weisungen des Unternehmers** zu folgen und damit unselbständig tätig sind (§ 2 Abs. 2 Nr. 1 UStG). Die Person entfaltet keine Unternehmerinitiative und trägt kein unternehmerisches Risiko.

- Soweit Personenzusammenschlüsse in Form von Arbeitnehmerzusammenschlüssen nur gegenüber dem **Arbeitgeber** und nicht auch gegenüber Dritten tätig sind.
- Juristische Personen sind unselbständig, wenn sie in ein anderes Unternehmen finanziell[2], wirtschaftlich[3] und organisatorisch[4] eingegliedert sind, so dass eine **Organschaft**[5] vorliegt (Abschnitt 21 UStR).

Nachdem durch die vorstehenden Ausführungen nun geklärt ist, wer umsatzsteuerlicher Unternehmer ist, muss jetzt noch geklärt werden, was alles unter das „umsatzsteuerliche Unternehmen" fällt bzw. welchen umsatzsteuerlichen Umfang das Unternehmen besitzt. Dies geschieht durch das nächste Kapitel.

Fragen und Lösungen

1. Durch welche Merkmale ist der umsatzsteuerliche Unternehmer gekennzeichnet?

   Die umsatzsteuerliche Unternehmereigenschaft fordert nach § 2 Abs. 1 S. 1 UStG, dass das Steuerobjekt eine
   – gewerbliche oder berufliche Tätigkeit
   – selbständig
   ausübt.

2. Welche Personen können umsatzsteuerlicher Unternehmer sein?

   Die umsatzsteuerliche Unternehmereigenschaft ist nicht auf natürliche Personen beschränkt. Neben diesen können auch jegliche juristische Personen oder Personenvereinigungen umsatzsteuerlicher Unternehmer sein. Sie müssen eben nur eine gewerbliche oder berufliche Tätigkeit selbständig ausüben.

---

[2]   Unter der finanziellen Eingliederung ist der Besitz der entscheidenden Anteilsmehrheit an der Organgesellschaft zu verstehen, die es ermöglicht, Beschlüsse in der Organgesellschaft durchzusetzen. Entsprechen die Beteiligungsverhältnisse den Stimmrechtsverhältnissen, ist die finanzielle Eingliederung gegeben, wenn die Beteiligung mehr als 50 v.H. beträgt (UStR 21 Abs. 4).

[3]   Die Organgesellschaft muss gemäß dem Willen des Organträgers für das Gesamtunternehmen fördernd und ergänzend tätig werden, wodurch also ein (betriebs-)wirtschaftlicher Zusammenhang vorliegen muss (UStR 21 Abs. 5).

[4]   Die organisatorische Eingliederung liegt vor, wenn der Organträger durch organisatorische Maßnahmen sicherstellt, dass in der Organgesellschaft sein Wille auch tatsächlich ausgeführt wird. Beispielsweise dadurch, dass der Geschäftsführer in der Organgesellschaft und beim Organträger personenidentisch ist (UStR 21 Abs. 6).

[5]   Juristische Personen können grundsätzlich Unternehmereigenschaft erlangen, soweit sie selbständig sind und nachhaltig zur Erzielung von Einnahmen im Leistungsaustausch tätig werden. Die Selbständigkeit einer juristischen Person ist aber zu verneinen, wenn sie finanziell, organisatorisch und wirtschaftlich in ein anderes Unternehmen eingegliedert ist. In diesem Fall liegt eine Organschaft vor, bei der die juristische Person als Organgesellschaft bezeichnet wird. Als Organträger wird dann derjenige bezeichnet, der die Anteilsmehrheit an der juristischen Person (Organgesellschaft) hält. Der Organträger ist an keine unternehmerische Rechtsform gebunden.

3. Wann liegt umsatzsteuerlich eine gewerbliche oder berufliche Tätigkeit und wann Selbständigkeit vor?

   Unter die gewerbliche oder berufliche Tätigkeit fällt jede Tätigkeit durch die Einnahmen erzielt werden sollen. Hierbei muss die Tätigkeit aber nachhaltig erfolgen. Einmalige Handlungen ohne Wiederholungsabsicht begründen keine gewerbliche oder berufliche Tätigkeit.
   Umsatzsteuerliche Selbständigkeit liegt vor, wenn die handelnde Person Unternehmerinitiative und Unternehmerrisiko trägt.

3 Umfang des Unternehmens

Nach § 2 Abs. 1 S. 2 UStG umfasst das umsatzsteuerliche Unternehmen die **gesamte** gewerbliche oder berufliche Tätigkeit des Unternehmers.

Dass bedeutet, dass ein Unternehmer nur **ein Unternehmen** besitzen kann, jedoch innerhalb des Unternehmens **mehrere Betriebe**; es gelten hierbei nicht die ertragsteuerlichen Abgrenzungsmerkmale. Die Folge hieraus ist, dass ein Leistungsverkehr zwischen den einzelnen Betrieben eines Unternehmers **nicht** im Leistungsaustausch (vgl. Gliederungspunkt 6.7) erfolgt, da kein willentliches Verhalten gegenüber einem (fremden) **Dritten** vorliegt. Es handelt sich hierbei um einen so genannten **Innenumsatz**, der umsatzsteuerlich unbeachtlich ist.

Beispiele:

Sachverhalt: Hermann Haarmann ist selbständiger Metzgermeister mit einem Ladengeschäft in Hannover. Neben der Metzgerei betreibt er in Laatzen ein Speiserestaurant. Die für die Mahlzeiten im Restaurant erforderlichen Wurst- und Fleischwaren bezieht er aus seiner eigenen Metzgerei.

Sind die Lieferungen der Wurst- und Fleischwaren von der Metzgerei an das Restaurant umsatzsteuerlich zu berücksichtigen?

Lösung: Es liegt ein sog. **Innenumsatz** vor, da kein Leistungsaustausch zwischen fremden Dritten vorliegt, sondern nur zwischen verschiedenen Betrieben desselben Unternehmers. Somit liegt kein steuerbarer Umsatz nach § 1 Abs. 1 UStG vor, wodurch der Verkauf/ Einkauf der Wurst- und Fleischwaren umsatzsteuerlich unbeachtlich ist, selbst wenn innerbetrieblich eine Rechnungsstellung mit Leistungsvergütung erfolgt.

Sachverhalt: Der Unternehmer Bernd Becker betreibt in Remagen eine Reparaturwerkstatt für Kraftfahrzeuge und in Bad Neuenahr-Ahrweiler eine Tankstelle. Einen Schaden an einer Zapfsäule der Tankstelle in Bad Neuenahr-Ahrweiler lässt er durch einen Mechaniker seiner Reparaturwerkstatt aus Remagen reparieren.

Ist die Reparatur ein umsatzsteuerlich zu beachtender Geschäftsvorfall?

Lösung: Das Unternehmen umfasst die Reparaturwerkstatt und die Tankstelle (§ 2 Abs. 1 S. 2 UStG). Die Reparatur ist keine Leistung im umsatzsteuerlichen Sinne, da keinem Dritten ein wirtschaftlicher Vorteil eingeräumt wird, wodurch ein sog. nicht steuerbarer Innenumsatz vorliegt (besser: innerunternehmerischer Vorgang; UStR 183 Abs. 4).

Sachverhalt: Hans Müller hält im Privatvermögen sämtliche Anteile an der X-GmbH und Y-GmbH, beide mit Sitz in Köln. In beiden Gesellschaften hat er jeweils Geschäftsführer bestellt. Die X-GmbH liefert der Y-GmbH Waren, die diese für ihre Produktion benötigt.

Handelt es sich um einen nicht steuerbaren Innenumsatz oder um eine umsatzsteuerlich zu beachtende Lieferung im Leistungsaustausch?

Lösung: Es handelt sich um eine umsatzsteuerlich zu beachtende Lieferung im Leistungsaustausch, da die Lieferung der X-GmbH an einen Dritten, hier die Y-GmbH, erfolgt. Jede GmbH ist hier für sich umsatzsteuerlicher Unternehmer, da die Gesellschaften jeweils eigene Rechtspersonen sind. Dass eine natürliche Person hierbei alle Gesellschaftsanteile hält, ist für die Beurteilung unerheblich.

Fragen und Lösungen

1. Welche Konsequenzen hat die umsatzsteuerliche Aussage: Ein Unternehmer kann nur ein Unternehmen besitzen, innerhalb des Unternehmens aber mehrere Betriebe.
   Steuerobjekt im Rahmen der Umsatzsteuer ist der *Unternehmer*, unabhängig von der Anzahl der einzelnen Betriebe, die er unterhält. Die Folge daraus ist, dass er nicht für die einzelnen Betriebe jeweils einzelne Umsatzsteuererklärungen erstellen muss, sondern nur eine, die seine gesamte unternehmerische Tätigkeit zusammenfassend erfasst bzw. wiedergibt.
   Die gesamte unternehmerische Tätigkeit des Unternehmers, selbst wenn sie aus andersartigen Tätigkeiten in den einzelnen, vielleicht auch räumlich getrennten, Betrieben erfolgen, wird umsatzsteuerlich als Einheit erfasst. Insofern sind umsatzsteuerliche Leistungen zwischen den einzelnen Unternehmensteilen bzw. Betrieben nicht möglich. In diesen Fällen liegt ein nicht steuerbarer Innenumsatz vor, der keine umsatzsteuerlichen Konsequenzen auslöst.

4 Umsatzbesteuerung

Nachdem dargelegt wurde, wer umsatzsteuerlicher Unternehmer ist und welchen Umfang das Unternehmen hat, sollen nun die Konsequenzen aufgezeigt werden, wenn die umsatzsteuerliche Unternehmereigenschaft vorliegt.

In diesem Fall sind die einzelnen auftretenden Sachverhalte bzw. Geschäftsvorfälle auf ihre umsatzsteuerlichen Auswirkungen hin zu prüfen, wobei folgende Reihenfolge **zwingend** einzuhalten ist:
1. Prüfung der **Steuerbarkeit** des Umsatzes
2. Prüfung der **Steuerpflicht** des Umsatzes
3. Ermittlung der **Bemessungsgrundlage** des Umsatzes
4. Anwendung des **Steuersatzes**
5. Ermittlung der **Zahllast** bzw. des **Erstattungsanspruchs**

In der nachfolgenden Abbildung wird das System der Umsatzsteuer bzw. die Prüfungs- und Bearbeitungsabfolge im Überblick vorweg zusammenfassend dargestellt. Die einzelnen Prüfungsschritte werden dann in den nachfolgenden Gliederungspunkten erläutert.

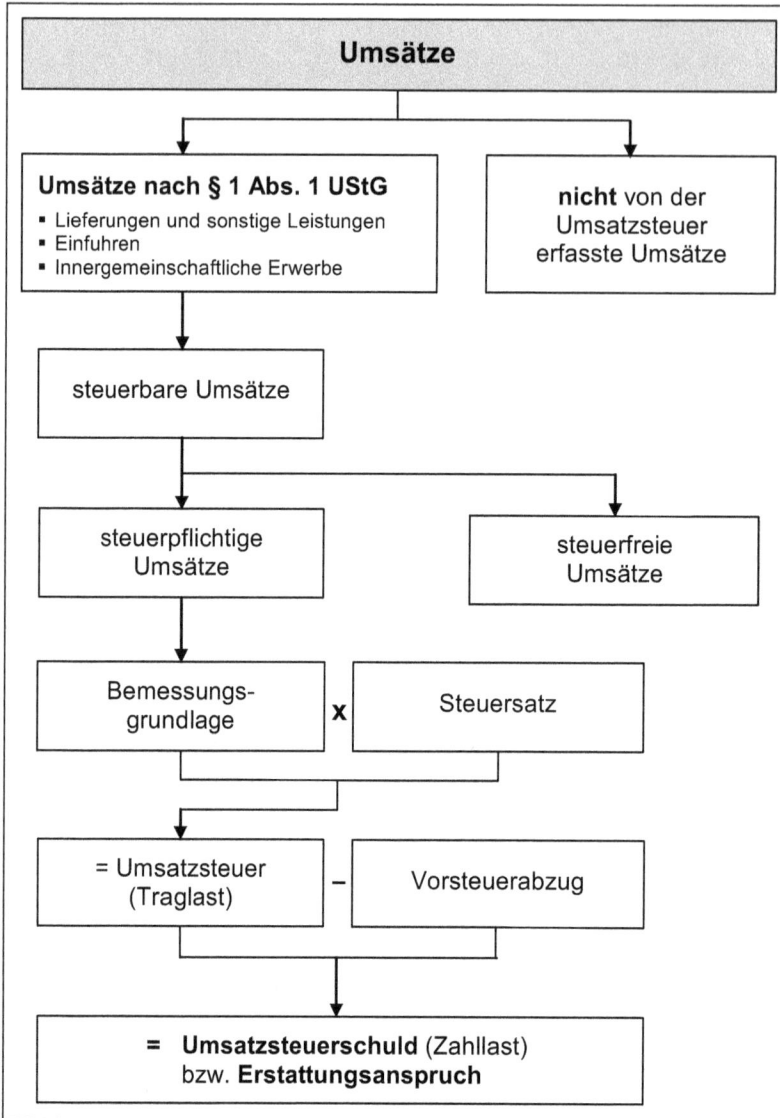

Abb. 4.1: System der Umsatzsteuer

5   Steuerbare Umsätze nach § 1 Abs. 1 UStG

Nach § 1 Abs. 1 UStG ist der Steuergegenstand der **steuerbare Umsatz**, wobei der Gesetzgeber drei verschiedene Arten von steuerbaren Umsätzen unterscheidet:
- **Leistungen** (Lieferungen und sonstige Leistungen; § 1 Abs. 1 Nr. 1 UStG)
- **Einfuhr** (§ 1 Abs. 1 Nr. 4 UStG)
- **Innergemeinschaftlicher Erwerb** (§ 1 Abs. 1 Nr. 5 UStG)

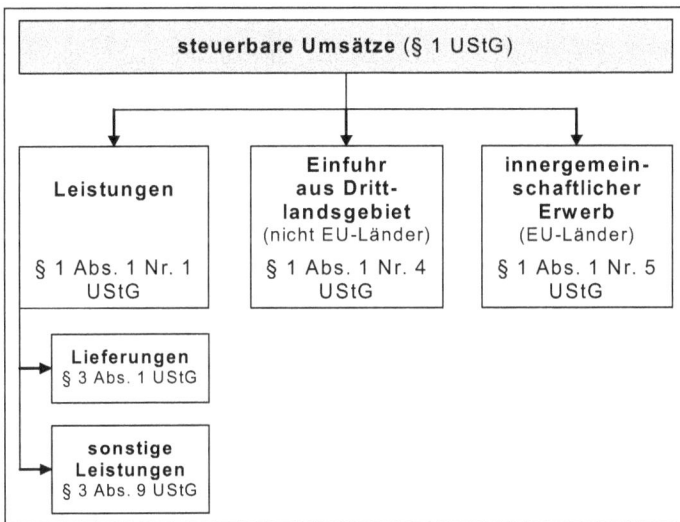

Abb. 5.1: Die einzelnen steuerbaren Umsätze

In Anlehnung an Grefe, Cord: Unternehmenssteuern, 5. Auflage, Ludwigshafen 2001, S. 316

Der Einleitungssatz zu § 1 Abs. 1 UStG lautet:

> ***„Der Umsatzsteuer unterliegen die folgenden Umsätze …“***

Durch diese Worte hat der Gesetzgeber die **Rechtsfolge** „unterliegen der Umsatzsteuer" vorangestellt. Diese Rechtsfolge kann aber nur eintreten, wenn der Umsatz bestimmte Voraussetzungen erfüllt, die als **Tatbestandsmerkmale** bezeichnet werden. Nur wenn der Umsatz sämtliche in § 1 Abs. 1 Nr. 1, 4 oder 5 UStG genannten Tatbestandsmerkmale erfüllt, ist er ein **steuerbarer Umsatz**. Die Rechtsfolge hieraus ist, dass er der Umsatzsteuer unterliegt und damit **steuerpflichtig** ist, sofern er nicht **steuerbefreit** ist.

Sofern die geforderten Tatbestandsmerkmale nicht vollständig erfüllt sind, wird der Umsatz als **nicht steuerbar** bezeichnet mit der Folge, dass er **nicht** der Umsatzsteuer unterliegt. Insbesondere sind dann weitere umsatzsteuerliche Fragen, wie Steuerbefreiung oder Steuersatz nicht mehr zu prüfen. Obgleich diese Umsätze nicht der Umsatzsteuer unterliegen, dürfen sie nicht als **steuerfrei** bezeichnet werden!

Von den eingangs genannten steuerbaren Umsätzen werden nachfolgend die **Leistungen nach § 1 Abs. 1 Nr. 1 UStG** eingehend behandelt. Für Unternehmen, die ihre Umsätze überwiegend im Inland erzielen, ist dies die wichtigste Regelung.

Fragen und Lösungen

1. Was bedeutet *nicht steuerbarer Umsatz*?
   Geschäftsvorfälle werden nur dann von der Umsatzsteuer erfasst, wenn sie bestimmte Tatbestandsmerkmale erfüllen, die insbesondere in § 1 Abs. 1 UStG festgelegt sind. Hierbei handelt es sich um Leistungen, Einfuhren und um den innergemeinschaftlichen Erwerb. Sollten die zu beurteilenden Geschäftsvorfälle nicht hierunterfallen, werden sie von der Umsatzsteuer grundsätzlich nicht erfasst. In diesen Fällen wird von *nicht steuerbaren Umsätzen* gesprochen. Sollte dies der Fall sein, kann keine Umsatzsteuer entstehen, weil der gesamte Geschäftsvorfall nicht vom Umsatzsteuerrecht erfasst wird.

2. Was bedeutet *umsatzsteuerfrei*?
   Wenn ein Geschäftsvorfall als *umsatzsteuerfrei* bezeichnet wird, bedeutet dies, dass er von der Umsatzsteuer erfasst wird und damit auch *steuerbar* ist, aber keine Steuerpflicht eintritt, da er durch das Gesetz *(umsatz-) steuerfrei* gestellt wird. Das hat zur Folge, dass auf diesen Geschäftsvorfall keine Umsatzsteuer erhoben wird. Im umgedrehten Fall wäre der Geschäftsvorfall mangels Steuerbefreiung *steuerpflichtig*. Bei einem steuerfreien Umsatz enthält der Verkaufspreis der ausgeführten Leistung keine Umsatzsteuer. Die Abgabe erfolgt zum Nettopreis.

6   Leistungen nach § 1 Abs. 1 Nr. 1 UStG

Der § 1 Abs. 1 Nr. 1 UStG bestimmt durch die **fünf** nachfolgenden Tatbestandsmerkmale, dass „**... die Lieferungen und sonstigen Leistungen, die ein Unternehmer im Inland gegen Entgelt im Rahmen seines Unternehmens ausführt**" steuerbare Umsätze sind.

Im Einzelnen handelt es sich um die Tatbestandsmerkmale
- Lieferungen und sonstige Leistungen,
- (umsatzsteuerlicher) Unternehmer,
- im Inland,
- gegen Entgelt (Leistungsaustauch),
- im Rahmen seines Unternehmens ausführt,

die unter den nachfolgenden Gliederungspunkten erläutert werden.

Der Umsatzsteuer unterliegen als Haupttatbestände die **Lieferungen** und die **sonstigen Leistungen**, zusammengefasst unter dem Oberbegriff **Leistungen**.

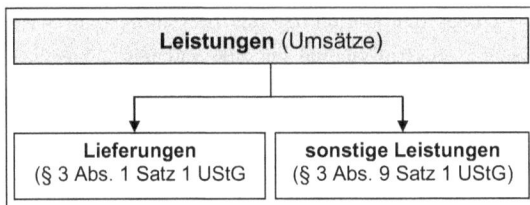

Leistungen (Umsätze)	
Lieferungen (§ 3 Abs. 1 Satz 1 UStG)	**sonstige Leistungen** (§ 3 Abs. 9 Satz 1 UStG)

Abb. 6.1: Zusammensetzung der Leistungen

Quelle: In Anlehnung an Bornhofen, Manfred: Steuerlehre 1 Veranlagung 2004, 25. Auflage, Wiesbaden 2004, S. 141

Umsatzsteuerlicher Gegenstand der Leistung ist nicht das zu Grunde liegende **obligatorische Verpflichtungsgeschäft**, sondern das sachenrechtliche **dingliche Erfüllungsgeschäft**. Denn der Wortlaut des § 1 Abs. 1 Nr. 1 UStG lautet, dass der Unternehmer Lieferungen und sonstige Leistungen im Rahmen seines Unternehmens **ausführt**. Diese Tatsache ist insbesondere für den Zeitpunkt der Leistung und für die Entstehung des steuerbaren Umsatzes von Bedeutung.

Beispiel:

Harry Müller bestellt bei seinem Mercedes-Benz Autohändler einen neuen Pkw der S-Klasse am 01.11.03. Die Übergabe des bestellten Kraftfahrzeugs erfolgt produktionsbedingt jedoch erst am 01.06.04.

Zeitpunkt der Leistung und damit umsatzsteuerlich relevant ist der Abschluss des Erfüllungsgeschäftes am 01.06.04. Zu diesem Zeitpunkt ist der steuerbare Umsatz entstanden und nicht schon bei Abschluss des Verpflichtungsgeschäfts am 01.11.03.

6.1   Lieferungen

Nach § 3 Abs. 1 UStG sind Lieferungen eines Unternehmers Leistungen, durch die er den Abnehmer oder einen beauftragten Dritten befähigt im eigenen Namen über einen **Gegenstand** zu verfügen **(Verschaffung der Verfügungsmacht)**.

Rechte und Berechtigungen sind dagegen nicht Gegenstand von Lieferungen, sondern von sonstigen Leistungen (vgl. Gliederungspunkt 6.2).[6]

Das Wesen der Lieferung ist die Verschaffung der Verfügungsmacht an Sachen (körperlichen Gegenständen) iSd. § 90 BGB sowie an allen sonstigen Wirtschaftsgütern, die im Verkehr wie Sachen umgesetzt werden (z.B. Gas, Strom und Wasser).

6.1.1   Verschaffung der Verfügungsmacht

Verschaffung der Verfügungsmacht bedeutet, dass der Abnehmer das rechtliche oder wirtschaftliche Eigentum (Befähigung, im eigenen Namen über den Gegenstand wie ein Eigentümer zu verfügen) erwirbt, so dass ihm der Gegenstand iSd. § 39 AO zugerechnet wird.

Beispiele für die Verschaffung der Verfügungsmacht:
1. Lieferung und rechtlicher Eigentumsübergang
   – Einigung und Übergabe bei beweglichen Sachen (§ 929 BGB)
   – Eigentumsübertragung von Grundstücken
     Bei unbeweglichen Sachen (unbebaute/ bebaute Grundstücke) erfolgt die Eigentums-übertragung durch Auflassung (Einigung) und Eintragung in das Grundbuch (§ 873 BGB). Die Verschaffung der Verfügungsmacht ist jedoch an den Tag des Übergangs von **Nutzen und Lasten** gebunden (im Allgemeinen im Kaufvertrag festgelegt).
   – Abtreten des Herausgabeanspruchs (§ 931 BGB); der Erwerber ist bereits Besitzer.
   – Besitzmittlungsverhältnis (§ 930 BGB); der bisherige Eigentümer bleibt auf Grund des neu vereinbarten Besitzmittlungsverhältnisses weiterhin Besitzer.

---

[6]   Zur Abgrenzung von Lieferungen und sonstigen Leistungen vgl. UStR 24.

> **Beispiel:**
>
> Der Eigentümer veräußert einen Gegenstand an den Erwerber. Nach dem Vertrag soll das Eigentum mit sofortiger Wirkung auf den Erwerber übergehen. Zugleich wird vereinbart, dass der Veräußerer noch für drei Wochen im Besitz des Gegenstandes bleibt. Im Zeitpunkt der Eigentumsübertragung wird auch die umsatzsteuerliche Lieferung ausgeführt und nicht erst bei tatsächlicher Übergabe.

– Übergabe eines Traditionspapieres; z.B. Lagerschein, Ladeschein, Konossement.

2. Lieferung und wirtschaftlicher Eigentumsübergang
   - Verkauf unter Eigentumsvorbehalt (§ 449 BGB; UStR 24 Abs. 1 S. 8)
   - Leasing in bestimmten Fällen

3. Eigentumsübergang, aber keine Lieferung!
   - Verpfändung (§ 1205 BGB; UStR 24 Abs. 1 S. 6)
   - Sicherungsübereignung (UStR 24 Abs. 1 S. 5)

   Es wird zwar das rechtliche Eigentum übertragen, aber es **erfolgt keine Verschaffung der Verfügungsmacht**. Verpfändung und Sicherungsübereignung sind daher umsatzsteuerlich **keine steuerbaren Umsätze**.

6.1.2 Zeitpunkt der Lieferung

Eine Lieferung wird zu dem Zeitpunkt ausgeführt, ab dem der Abnehmer die Verfügungsmacht an dem Gegenstand besitzt. Das ist regelmäßig der Zeitpunkt, an dem Nutzen, Wert und Ertrag auf den Käufer übertragen werden, er also auch das Risiko des zufälligen Untergangs trägt.

6.2 Sonstige Leistungen

Durch § 3 Abs. 9 UStG wird bestimmt, dass sonstige Leistungen keine Lieferungen sind. Sie können auch in einem Unterlassen oder im Dulden einer Handlung oder eines Zustandes bestehen. Beispiele hierfür sind alle Dienst-, Werk-, Vermittlungs- und Beförderungsleistungen, Vermietungen, Verpachtungen, Darlehensgewährungen, Verzichtsleistungen und Übertragungen von Rechten gegen Entgelt. Wesentlich ist, dass der Umsatz nicht in der Verschaffung der Verfügungsmacht an einem Gegenstand besteht.

Beispiel:

Der Verkauf eines Buchmanuskriptes an einen Verlag stellt eine sonstige Leistung dar, da in diesem Fall die geistige Leistung und nicht der Gegenstand (beschriebenes Papier) im Vordergrund steht. Der spätere Verkauf der gedruckten Bücher über den Buchhändler stellt hingegen eine Lieferung dar.

Die sonstige Leistung ist mit ihrer **Beendigung** erbracht. Beendet ist sie, wenn der Unternehmer alles in seiner Macht stehende getan hat, um den versprochenen Vorteil bei dem Abnehmer herbeizuführen.

Beispiele:

Ein Steuerberater erstellt von Franz Unterweger auftragsgemäß dessen Steuererklärung unterschriftsfertig für das Kalenderjahr 2007. Mit Fertigstellung der Steuererklärung durch den Steuerberater ist die sonstige Leistung erbracht.

Auftragsgemäß bewacht eine Sicherheitsfirma in der Urlaubszeit für zwei Wochen die verwaiste Privatvilla des Industriellen Müller. Nach zwei Wochen vereinbarter Bewachung ist die sonstige Leistung erbracht.

6.3   Sonderfall gemischte Leistungen: Werklieferungen und Werkleistungen

Sehr viele Umsätze weisen in der Praxis sowohl Merkmale der Lieferung als auch der sonstigen Leistung auf.

Beispiel:

In einer Autoreparaturwerkstatt wird ein unfallbeschädigtes Kraftfahrzeug in Stand gesetzt. Hierbei wird das Auto ausgebeult, erhält eine neue Motorhaube und Lackierung.

Solche **Mischformen** werden in **Werklieferungen** und **Werkleistungen** aufgeteilt. Die Einordnung richtet sich danach, wer die zur Herstellung der Leistung erforderlichen Stoffe beschafft.

Eine **Werklieferung** liegt vor, wenn der Unternehmer, der die **Bearbeitung** oder **Verarbeitung** eines Gegenstandes übernommen hat, die dazu erforderlichen **Stoffe selbst beschafft**, sofern es sich bei den Stoffen nicht um Zutaten oder sonstige Nebensachen handelt (§ 3 Abs. 4 UStG). Hauptfälle der Werklieferungen sind die Errichtung von Bauwerken sowie die Herstellung von Gütern in Handwerksbetrieben oder Fabriken.

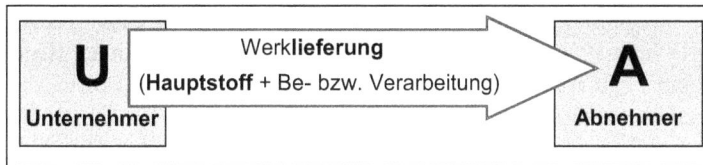

Abb. 6.2: Werklieferung

Quelle: In Anlehnung an Bornhofen, Manfred: Steuerlehre 1 Veranlagung 2004, 25. Auflage, Wiesbaden 2004, S. 181

Beispiel:

Ein Unternehmer will in der Innenstadt von Düsseldorf eine Modeboutique eröffnen. Ein geeignetes Ladenlokal hat der Unternehmer schon gefunden und angemietet. Jedoch fehlt noch die Inneneinrichtung. Deshalb beauftragt der Unternehmer einen örtlichen selbständigen Tischlermeister eine hochwertige Ladeneinrichtung zu erstellen und in das Ladenlokal einzubauen.

Es liegt eine Werklieferung des Tischlermeisters an den Unternehmer vor, weil der Tischler die Ladeneinrichtung baut und die hierfür benötigten Materialien auch selbst beschafft.

Verwendet der Werkunternehmer bei seiner Leistung keine selbstbeschafften Stoffe oder nur Stoffe, die als Zutaten oder sonstige Nebensachen anzusehen sind, handelt es sich um eine **Werkleistung** (Abschnitt 27 Abs. 1 S. 3 UStR).

Leistungen im Rahmen eines Dienstvertrages (§ 611 BGB), wie bspw. bei Ärzten, Rechtsanwälten, Steuerberatern usw., sind umsatzsteuerlich „reine" sonstige Leistungen und keine Werkleistungen.

Für die Frage, ob es sich um Zutaten oder sonstige Nebensachen handelt, kommt es nicht auf das Verhältnis des Wertes der Arbeit oder des Arbeitserfolges zum Wert der vom Unternehmer beschafften Stoffe an. Vielmehr darauf, ob diese Stoffe ihrer Art nach, sowie nach dem Willen der Beteiligten, als Hauptstoffe oder als Nebenstoffe bzw. Zutaten des herzustellenden Werkes anzusehen sind. In Zweifelsfällen entscheidet hierüber die Verkehrsauffassung (Abschnitt 27 Abs. 1 UStR).

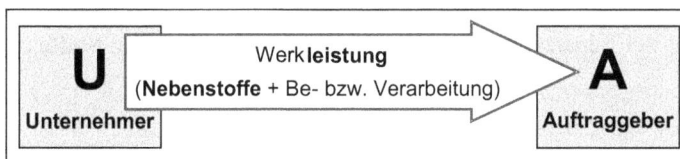

Abb. 6.3: Werkleistung

Quelle: In Anlehnung an Bornhofen, Manfred: Steuerlehre 1 Veranlagung 2004, 25. Auflage, Wiesbaden 2004, S. 181

Die Unentbehrlichkeit eines Gegenstandes allein macht diesen noch nicht zu einem Hauptstoff. Kleinere technische Hilfsmittel, z.B. Nägel, Schrauben, Splinte usw., sind in der Regel Nebensachen. Hingegen kann beim Austausch eines unbrauchbar gewordenen Teilstückes, dem eine gewisse selbständige Bedeutung zukommt, z.B. der Kurbelwelle eines Kraftfahrzeuges, nicht mehr von einer Nebensache gesprochen werden (Abschnitt 27 Abs. 1 UStR).

Beispiele:

Ein Schneidermeister fertigt einen Maßanzug an. Der Anzugstoff ist Hauptstoff, Knöpfe und Garn etc. sind Nebenstoffe. Die Nebenstoffe sind zwar für die Herstellung des Anzugs erforderlich, bestimmen aber nicht die Eigenart des Gegenstandes, den fertigen Anzug. Die Knöpfe bleiben auch dann Nebenstoff, wenn sie sehr wertvoll sind (z.B. Knöpfe aus Gold). Insofern liegt eine Werklieferung vor.

Ein Schreinermeister stellt einen Schrank her. Das verwendete Holz ist Hauptstoff. Die verarbeiteten Schrauben, Leime, Beschläge etc. sind Nebenstoffe. Die erbrachte Leistung stellt eine Werklieferung dar.

Ein Bauunternehmer errichtet einen Rohbau. Beton und Steine sind Hauptstoffe. Der Zement und der Sand zum Mauern der Steine sind Nebenstoffe. Der Bauunternehmer erbringt eine Werklieferung.

Der Unternehmer Ullrich schleift im Auftrag der Albers GmbH Werkzeugteile. Ullrich verwendet hierbei Schleifsande aus eigenen Beständen. Beim Schleifen verbraucht Ullrich große Mengen an Dieselöl für den Betrieb des Sandstrahlgebläses.
Zwar erfolgt eine Be- und Verarbeitung eines Gegenstandes, aber keine Verwendung von sog. Hauptstoffen, weshalb eine Werkleistung vorliegt.

Ein Polsterer bezieht auftragsgemäß einen Stuhl neu, wobei der Kunde ihm den Bezugsstoff gegeben hat. Es liegt eine Werkleistung vor.

Ein Malermeister streicht auftragsgemäß ein Gebäude. Die aufgetragene Farbe hat der Malermeister beschafft. Es handelt sich um eine Werklieferung.

Ein Teppichbodenlieferant verlegt und verklebt den Teppichboden in der Wohnung eines Kunden. Der Teppichboden ist Hauptstoff, der Klebstoff Nebenstoff. Es handelt sich um eine Werklieferung.

Problematischer ist die Beurteilung von Reparaturleistungen: Werden für eine Reparatur Hauptstoffe benötigt, die der Unternehmer zumindest zum Teil selbst beschafft, so liegt eine Werklieferung vor. Sind zur Reparatur nur Nebenstoffe erforderlich, ist eine Werkleistung gegeben. Gleiches gilt, sofern zur Reparatur keine in das fertige Werk eingehenden Stoffe erforderlich sind.

> **Beispiele:**
>
> Ein Wasserhahn tropft, es wird eine neue Dichtung eingebaut.
>
> Es handelt sich um eine Werkleistung, zur Reparatur sind nur Nebenstoffe erforderlich.
>
> Eine Heizungsanlage arbeitet unwirtschaftlich und muss neu eingestellt werden. Der Handwerker verwendet nur sein Werkzeug. Es liegt eine Werkleistung vor.
>
> Bei einer Autoreparatur wird ein neuer Keilriemen eingebaut. Es handelt sich um eine Werkleistung, da der Keilriemen lediglich einen Nebenstoff darstellt.
>
> Bei einer Autoreparatur wird ein neues Getriebe eingebaut. Hierbei handelt es sich um eine Werklieferung, da das Getriebe Hauptstoff ist.

Umsatzsteuerlich werden Werklieferungen als reine Lieferungen und Werkleistungen als reine sonstige Leistungen behandelt. Bei der Ortsbestimmung der Werkleistung gibt es jedoch zu beachtende Besonderheiten (§ 3a UStG; vgl. Gliederungspunkt 6.6.3).

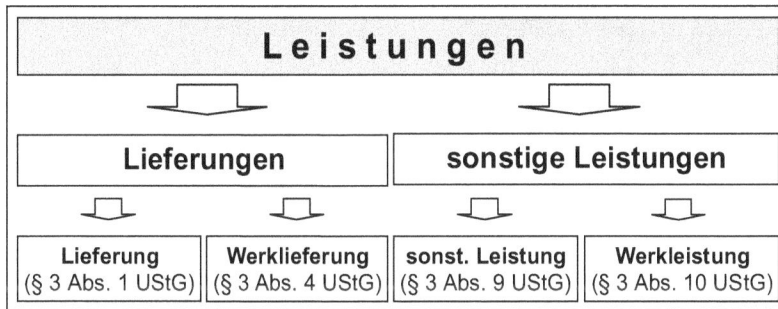

Abb. 6.4: Systematisierung der Leistungen

Quelle: In Anlehnung an Bornhofen, Manfred: Steuerlehre 1 Veranlagung 2004, 25. Auflage, Wiesbaden 2004, S. 182

6.4 Sonderfall: Unentgeltliche Wertabgaben

Unentgeltliche Wertabgaben (früher auch *Eigenverbrauch* genannt) sind **Entnahmen**, die der Unternehmer tätigt um damit in der Regel seinen privaten Gebrauch zu stillen. Die unentgeltlichen Wertabgaben sind den Lieferungen und sonstigen Leistungen gegen **Entgelt** gleichgestellt (§ 3 Abs. 1b und Abs. 9a UStG).

Durch die Besteuerung der unentgeltlichen Wertabgaben soll sichergestellt werden, dass ein **unversteuerter Letztverbrauch** verhindert wird und der private Verbrauch des Unternehmers der gleichen Umsatzsteuerbelastung unterliegt wie der des Privatmanns. Insofern sind unentgeltliche Wertabgaben bei allen Unternehmen unabhängig von ihrer Rechtsform (z.B. juristische Personen) oder der Besteuerungsart (z.B. Land- und Forstwirte) möglich.

Die unentgeltlichen Wertabgaben können in Lieferungen bestehen, also der Entnahme von Gegenständen, oder in sonstigen Leistungen, d.h. die Verwendung eines dem Unternehmen zugeordneten Gegenstandes für unternehmensfremde Zwecke.

Voraussetzung für die Steuerbarkeit der unentgeltlichen Wertabgaben ist, dass die Anschaffung des Gegenstandes zum vollen oder teilweisen **Vorsteuerabzug** berechtigt hat und damit der Gegenstand dem Unternehmensvermögen zugeordnet wurde (§ 3 Abs. 1b S. 2 und Abs. 9a Nr. 1 UStG).

Der **Ort der unentgeltlichen Wertabgabe** ist **einheitlich** für Lieferungen und sonstige Leistungen der Ort, **von dem der Unternehmer aus sein Unternehmen betreibt** (§ 3 f UStG). Sofern die Leistungen von einer Betriebsstätte ausgeführt werden, gilt die Betriebsstätte als Ort der Leistungen.

Die **Bemessungsgrundlage** für die unentgeltliche Wertabgabe ist grundsätzlich
* der **Einkaufspreis** im Zeitpunkt der Entnahme (= Wiederbeschaffungspreis einschließlich Nebenkosten ; § 10 Abs. 4 Nr. 1 UStG),
* die **Selbstkosten** (§ 10 Abs. 4 Nr. 1 UStG) oder
* die **Ausgaben** (§ 10 Abs. 4 Nr. 2 UStG), die bei der Ausführung der Leistung entstanden sind (einschl. der anteiligen Gemeinkosten)
jeweils **ohne Umsatzsteuer** (§ 10 Abs. 4 S. 2 UStG).

Soweit die unentgeltliche Wertabgabe in Verwendung eines Gegenstandes besteht (sonstige Leistung), sind aus der Bemessungsgrundlage Kosten herauszurechnen, soweit sie nicht zum Vorsteuerabzug berechtigt haben.

Unentgeltliche Wertabgaben unterliegen den allgemeinen Regelungen zum Steuersatz, d.h. in Abhängigkeit der vorliegenden Lieferungen bzw. sonstigen Leistungen entstehen regelmäßig 19% oder 7% Umsatzsteuer. Über die unentgeltliche Wertabgabe kann **nicht** mit einer **Rechnung** im Sinne des § 14 UStG abgerechnet werden. Dem Leistungsempfänger steht aus der unentgeltlichen Zuwendung **kein Vorsteuerabzug** zu.

6.5 Unternehmer

Steuerbare Umsätze nach § 1 Abs. 1 Nr. 1 UStG können nur bei umsatzsteuerlichen Unternehmern vorliegen. Wer die Unternehmereigenschaft besitzen kann und welche Voraussetzungen hierfür erfüllt sein müssen, wurde bereits unter dem Gliederungspunkt 2 behandelt.

6.6   Inland/ Ausland

Das **Inland** wird durch § 1 Abs. 2 S. 1 UStG als das **Gebiet der Bundesrepublik Deutsch-land** definiert, jedoch ohne die Gebiete von Büsingen[7], der Insel Helgoland, der Freizonen des Kontrolltyps I[8] (Freihäfen), der Gewässer und Watten zwischen der Hoheitsgrenze und der jeweiligen Strandlinie sowie der deutschen Schiffe und deutschen Luftfahrzeuge in Ge-bieten, die zu keinem Zollgebiet gehören. Durch den Satz 2 des § 1 Abs. 2 UStG wird im Umkehrschluss **Ausland** definiert, das dann gegeben ist, wenn kein Inland vorliegt.

Freihäfen sind die Teile der Häfen Bremen, Bremerhaven, Cuxhaven, Emden, Hamburg und Kiel. Sie stellen umsatzsteuerlich – wie zuvor ausgeführt – kein Inland, sondern Ausland dar (Abschnitt 13 Abs. 1 UStR).

Für die Beurteilung, ob ein Umsatz im Inland ausgeführt wird, ist es unerheblich, ob der Un-ternehmer deutscher Staatsangehöriger ist, seinen Wohnsitz oder Sitz im Inland hat, im In-land eine Betriebsstätte unterhält, die Rechnung erteilt oder die Zahlung empfängt (§ 1 Abs. 2 S. 3 UStG).

Ferner ist umsatzsteuerlich noch die Unterscheidung zwischen Gemeinschafts- und Dritt-landsgebiet bedeutend:
Als **Gemeinschaftsgebiet** gilt das Gebiet der Staaten der europäischen Union[9] (zur Zeit 27 Länder: Belgien, Bulgarien, Bundesrepublik Deutschland, Dänemark, Estland, Finnland, Frankreich, Griechenland, Großbritannien, Irland, Italien, Lettland, Litauen, Luxemburg, Malta, Niederlande, Österreich, Polen, Portugal, Rumänien, Slowakei, Slowenien, Schwe-den, Spanien, Tschechien, Ungarn, Zypern), soweit diese Gebiete als jeweiliges nationales Inland gelten (§ 1 Abs. 2a S. 1 UStG).

Die Gebiete, die nicht zum Gemeinschaftsgebiet gehören, werden als **Drittlandsgebiet** be-zeichnet (z.B. Russland, USA, Norwegen, Schweiz, Türkei, Australien, der gesamte asiati-sche Raum usw.; § 1 Abs. 2a S. 3 UStG).

---

[7] Gemeinde im Landkreis Konstanz, Baden-Württemberg, ca. 1.400 Einwohner; deutsche Exklave (eigenes Staatsgebiet innerhalb eines anderen Staates) in der Schweiz, seit 1947 (de jure seit 1964) in das schweizerische Zollgebiet einbezogen.

[8] Nach § 1 Abs. 1 Satz 1 des Zollverwaltungsgesetzes.

[9] Vgl. UStR 13a.

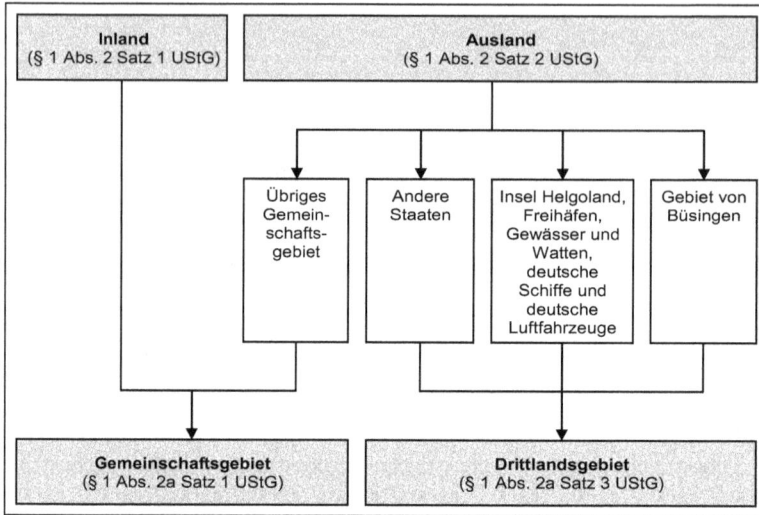

Abb. 6.5: Ort der Leistung

Quelle: Bornhofen, Manfred: Steuerlehre 1 Veranlagung 2004, 25. Auflage, Wiesbaden 2004, S. 160

6.6.1   Ort der Lieferung

Der Ort der Lieferung ist umsatzsteuerrechtlich von entscheidender Bedeutung, denn

- befindet sich der Ort der Lieferung im **Inland**, so ist der Umsatz **steuerbar** – sofern die übrigen Tatbestände des § 1 Abs. 1 Nr. 1 UStG ebenfalls erfüllt sind –,
- und befindet sich der Ort der Lieferung **nicht im Inland**, so ist der Umsatz **nicht steuerbar**, mit der Folge, dass der Umsatz nicht der Umsatzsteuer unterliegt.

Ausschlaggebend für die Ortsbestimmung ist, ob der Liefergegenstand zur Ausführung der Lieferung befördert bzw. versendet[10] wird oder nicht.

Wird die Lieferung aus dem Machtbereich des leistenden Unternehmens durch Versendung bzw. Beförderung fortbewegt, ist nach **§ 3 Abs. 6 S. 1 UStG** die Lieferung dort ausgeführt, wo die Beförderung bzw. die Versendung **beginnt**. Unerheblich ist hierbei, wer die Fortbewegung veranlasst und wer sie durchführt.

---

[10] Versenden liegt vor, wenn jemand die Beförderung durch einen selbständigen Beauftragten (bspw. Spediteur, Post) ausführen oder besorgen lässt (§ 3 Abs. 6 S. 3 UStG). Befördern ist jede Fortbewegung eines Gegenstandes (§ 3 Abs. 6 S. 2 UStG).

Beispiele:

Sachverhalt: Gisela Mühle bestellt sich per Katalog und Nachnahme von einem Versandhaus aus Nürnberg ein Abendkleid.

Die Versendung des Kleides durch das Versandhaus startet in Nürnberg mit Übergabe an die Post. Nach § 3 Abs. 6 S. 1 UStG beginnt die Versendung damit in Nürnberg. Der Ort der Lieferung liegt damit im Inland (Nürnberg). Der Umsatz ist damit steuerbar.

Sachverhalt: Ein Koblenzer Metallbetrieb bestellt bei einem Hamburger Unternehmer Maschinen.

Fall 1: Der Hamburger Unternehmer lässt die Maschinen mit eigenem Lkw nach Koblenz fahren.

Fall 2: Der Hamburger Unternehmer lässt die Maschinen durch die Deutsche Bundesbahn von Hamburg nach Koblenz transportieren.

Wo liegt jeweils der Ort der Lieferung?

Lösung:
Fall 1: Der Ort der Lieferung liegt in Hamburg und damit im Inland, weil die Lieferung dort beginnt (§ 3 Abs. 6 S. 1 UStG). Wer den Transport dabei veranlasst und durchführt ist für die Ortsbestimmung unerheblich.

Fall 2: Lösung wie Fall 1; der Ort der Lieferung liegt in Hamburg und damit im Inland (§ 3 Abs. 6 S. 1 UStG).

Sachverhalt: Ein Juwelier aus Köln bestellt bei der Firma Rolex, Schaffhausen (Schweiz), mehrere Uhren für seine Kollektion. Die Uhren werden von der Fa. Rolex in Schaffhausen bei der Post in Form eines Wertpaketes aufgegeben.

Lösung: Der Ort der Lieferung liegt in Schaffhausen (Schweiz) und damit im Ausland, weil die Lieferung dort beginnt (§ 3 Abs. 6 S. 1 UStG). Wer den Transport dabei veranlasst und durchführt ist für die Ortsbestimmung unerheblich.

Sachverhalt: Der Kunde Krause aus Köln kauft beim Lebensmitteleinzelhändler Ludwig in Bonn verschiedene Lebensmittel ein, bezahlt sie an der Kasse, packt sie in eine Einkaufstüte und nimmt sie mit.

Lösung: Lebensmittelhändler Ludwig bewirkt eine Beförderungslieferung, da der Abnehmer Krause den Gegenstand der Lieferung befördert.

Hierbei handelt es sich um einen sog. Handkauf, bei dem mit Abschluss des Kaufvertrages dem Abnehmer der Kaufgegenstand übergeben und nach § 929 BGB übereignet wird (UStR 30 Abs. 1 Satz 3).

Der Ort der Lieferung ist nach § 3 Abs. 6 S. 1 UStG Bonn, weil von dort aus die Beförderung der Lieferung beginnt.

In den Fällen, in denen zur Ausführung der Lieferung eine Beförderung/ Versendung nicht erforderlich ist oder tatsächlich nicht erfolgen kann, wird durch **§ 3 Abs. 7 S. 1 UStG** der Ort dort festgelegt, wo sich der Gegenstand **zur Zeit der Verschaffung der Verfügungsmacht befindet.**

Beispiele:

Sachverhalt: Der Spediteur Herbert Stein kauft mit notariellem Kaufvertrag vom 05.06.07 das unmittelbar an sein Betriebsgelände in Remagen angrenzende unbebaute Grundstück, das er als Parkplatz für seinen Fuhrpark nutzen will. Der Übergang von Nutzen und Lasten erfolgt gemäß des notariellen Kaufvertrages am 01.07.07.

Lösung: Nach § 3 Abs. 7 S. 1 UStG wird die Lieferung dort ausgeführt, wo sich der Gegenstand zur Zeit der Verschaffung der Verfügungsmacht (01.07.07) befindet. Gemäß des Sachverhaltes liegt das Grundstück in Remagen und damit im Inland. Insofern ist der Umsatz steuerbar.

Sachverhalt: Der selbständige Metzgermeister Hermann Haarmann, Hannover, hat seit einigen Tagen einen Raab-Kärcher-Industriestaubsauger zum Ausprobieren in seinem Betrieb. Er entschließt sich nach einer Woche das Gerät zu kaufen. Er informiert den Verkaufsvertreter und überweist den Kaufpreis.

Lösung: Da der Metzgermeister bereits im Besitz des Industriestaubsaugers ist, entfällt die Übergabe (Abtreten des Herausgabeanspruchs (§ 931 BGB); der Erwerber ist bereits Besitzer). Der Gegenstand ist nicht mehr zu befördern/ versenden, wodurch § 3 Abs. 7 S. 1 UStG gilt. Danach ist der Ort der Lieferung Hannover und somit im Inland. Der Umsatz ist steuerbar.

Nachfolgend grafisch zusammenfassend die Ausführungen zum Ort der Lieferung.

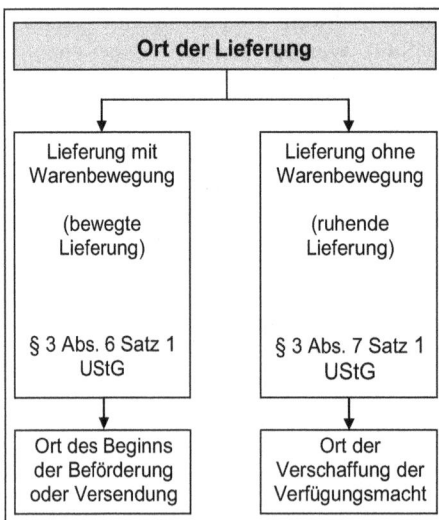

Abb. 6.6: Ort der Lieferung

6.6.2 Ort der sonstigen Leistung

Ebenso wie bei den Lieferungen, ist auch bei den *sonstigen Leistungen* der Leistungsort für die Steuerbarkeit von entscheidender Bedeutung. Nach § 3a Abs. 1 S. 1 UStG gilt als grundsätzliche Regelung: Eine *sonstige Leistung* wird an dem Ort ausgeführt, von dem aus der **(leistende) Unternehmer sein Unternehmen betreibt**. Wird die sonstige Leistung von einer Betriebsstätte ausgeführt, so gilt die Betriebsstätte als Ort der sonstigen Leistung (§ 3a Abs. 1 S. 2 UStG).

Beispiel:

Der Arbeitnehmer Herbert Braun, Köln, hat mit seinem PKW einen Unfall erlitten. Da er sich über die rechtliche Situation unklar ist, lässt er sich durch den Rechtsanwalt R. Herzog beraten. R. Herzog betreibt in Bonn eine Rechtsanwaltskanzlei.

Der Ort der sonstigen Leistung befindet sich in diesem Fall dort, wo der Rechtsanwalt sein Unternehmen betreibt (§ 3a Abs. 1 S. 1 UStG). Laut Sachverhalt Bonn und damit im Inland.

Auf die weitergehenden Regelungen des § 3a und der §§ 3b und 3f UStG soll an dieser Stelle nicht eingegangen werden.

6.6.3 Ort der Werklieferung bzw. Werkleistung

Der Ort der **Werklieferung** bestimmt sich bei beweglichen Gegenständen nach § 3 Abs. 6 S. 1 UStG (dort wo die Beförderung/ Versendung beginnt), bei unbeweglichen nach § 3 Abs. 7 S. 1 UStG (dort wo sich der Gegenstand zur Zeit der Verschaffung der Verfügungsmacht befindet).

Wird die **Werkleistung** an beweglichen körperlichen Gegenständen ausgeführt, gilt § 3a Abs. 2 Nr. 3c UStG. Der Ort liegt dort, wo der Werkunternehmer ausschließlich oder zum wesentlichen Teil – bezogen auf den einzelnen Umsatz – tätig wird. Zu beachten ist ggf. die Sonderregelung des § 3a Abs. 2 Nr. 3c S. 2 UStG.

6.7 Gegen Entgelt (Leistungsaustausch)

Für die Steuerbarkeit von Leistungen gemäß § 1 Abs. 1 Nr. 1 UStG ist weiterhin erforderlich, dass sie gegen **Entgelt** erbracht werden. Der steuerbaren Leistung steht also eine konkrete Gegenleistung gegenüber **(Leistungsaustausch)**.

Bei einem Leistungsaustausch müssen sich Leistung und Gegenleistung in einem **wechsel-seitigen Zusammenhang** befinden. Insofern kann ein Leistungsaustausch nur zu Stande kommen, wenn sich die Leistung auf den Erhalt einer Gegenleistung richtet und damit die gewollte, erwartete oder erwartbare Gegenleistung auslöst, so dass schließlich die wechsel-seitig erbrachten Leistungen miteinander innerlich verbunden sind (Abschnitt 1 Abs. 1 S. 2 und 3 UStR).

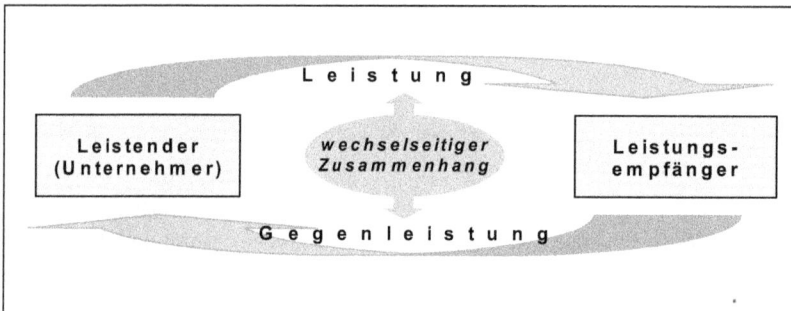

Abb. 6.7: Leistung und Gegenleistung

Keine Leistung im umsatzsteuerlichen Sinne ist die Zahlung oder die Überweisung von Geld. Dies ist lediglich eine Leistung im Rechtssinne, die aber nicht der Umsatzsteuer unterliegt (Abschnitt 1 Abs. 3 UStR).

Das Anbieten von Leistungen (**Leistungsbereitschaft**) kann eine steuerbare Leistung sein, wenn dafür ein Entgelt gezahlt wird (Abschnitt 1 Abs. 3 S. 11 UStR).

Beispiel:

Eine Computerfirma schließt mit einem Unternehmer einen Vertrag über die Wartung und Pflege der EDV-Anlage, insbesondere des Servers ab. Es wird eine Vergütung von pauschal € 100 monatlich vereinbart. In den Monaten Januar bis März sind keine konkreten Servicearbeiten erforderlich.

Lösung: Die entrichtete Pauschalvergütung ist Entgelt im Leistungsaustausch. Für die Monate Januar bis März für die Leistungsbereitschaft (sonstige Leistung) und für die Monate April bis Dezember für die durchgeführten Servicearbeiten (Werkleistung).

Kein Leistungsaustausch liegt in folgenden Fällen vor:	
Rückgabe	Eine Lieferung wird durch Rückgabe rückgängig gemacht; der Kunde erhält sein Geld zurück (Abschnitt 1 Abs. 4 UStR).
Schadensersatz	Hier wird unterschieden zwischen echtem und unechtem Schadensersatz (Abschnitt 3 UStR):
	Der **echte Schadensersatz** wird nicht auf Grund einer Leistung erbracht, sondern weil ein verursachter Schaden (Vermögensverlust) ausgeglichen wird. Es liegt kein Leistungsaustausch zwischen dem Schädiger und dem Geschädigten vor.
	Als **unechter Schadensersatz** werden die Fälle bezeichnet, in denen der Ersatzleistung eine vereinbarte Gegenleistung des Geschädigten gegenübersteht. Beispiel: Der Handelsvertreter X verzichtet zu Gunsten des Handelsvertreters Y auf die Bereisung eines bestimmten Verkaufsgebietes. Y zahlt X hierfür einen bestimmten (unechten) Schadensersatz. Es liegt demnach ein Leistungsaustausch – und damit unter Umständen ein steuerbarer Umsatz – vor.
Mitgliedsbeiträge	Auch hier wird zwischen echten und unechten Mitgliedsbeiträgen unterschieden (Abschnitt 4 UStR):
	Echte Mitgliedsbeiträge werden nicht um einer Leistung willen, sondern zur Erfüllung der allgemeinen Vereinsaufgaben gezahlt. Sie begründen daher keinen steuerbaren Umsatz. Es fehlt ein (direkter) Leistungsaustausch mit dem einzelnen Mitglied.
	Unechte Mitgliedsbeiträge werden für bestimmten (direkte) Sonderleistungen zu Gunsten des Zahlenden erbracht und begründen einen Leistungsaustausch und damit einen unter Umständen steuerbaren Umsatz.
Schenkung	Verschenkt ein Unternehmer aus geschäftlichem Anlass etwas, so liegt kein Leistungsaustausch vor und damit kein steuerbarer Umsatz.
Innenumsatz	Bei entgeltlichen Umsätzen zwischen verschiedenen Betrieben desselben Unternehmers liegt kein Leistungsaustausch vor, da die Leistung nicht an einen fremden Dritten ausgeführt wird.
Erbschaft und Erbauseinandersetzung	Die Erbfolge ist ein Vermögensübergang kraft Gesetz und erfolgt nicht durch einen Leistungsaustausch.
	Eine Erbauseinandersetzung ist ein erbrechtlicher Vorgang, der grundsätzlich ebenfalls nicht im Leistungsaustausch erfolgt, da (nur) die Aufteilung der jeweiligen Erbteile erfolgt.

Beispiele:

Sachverhalt: Der Einzelhändler Ernst aus Magdeburg erhält von der Transportversiche-
rung, die zugunsten seines Kunden, dem Abnehmer Alois abgeschlossen worden war,
Zahlungen, nachdem die Waren während der Anlieferung durch einen Verkehrsunfall
zerstört wurden.

Lösung: Mit Beginn der Beförderung/ Versendung gilt die Lieferung als ausgeführt; soweit nicht anders vereinbart, geht zugleich bürgerlich-rechtlich das Transportrisiko
grundsätzlich auf den Kunden über. Die Folge hieraus ist: Ernst hat Anspruch auf Zahlung des Kaufpreises. Die Zahlung der Versicherung ist als Entgelt von dritter Seite der
Umsatzsteuer zu unterwerfen (unechter Schadensersatz).

Hinweis: Untergang der Ware vor Beförderung-/ Versendungsbeginn: Versicherungszahlung ist echter Schadensersatz, weil der Vermögensverlust ausgeglichen wird.

Liegt hingegen das Transportrisiko beim Einzelhändler Ernst, so ist die Verfügungsmacht
iSd. § 3 Abs. 1 UStG als tatsächliche Sachherrschaft noch nicht auf den Käufer Alois ü-
bertragen. Hierdurch trägt der Einzelhändler Ernst den Schaden, da er keinen Anspruch
auf Zahlung des Kaufpreises hat. Die Versicherungszahlung stellt echten Schadensersatz
dar und löst keine Umsatzbesteuerung aus, da es an dem Leistungsaustausch fehlt.

Sachverhalt: Der Gastwirt Lutz Klein aus Warstein pachtet im Januar 01 von einer Brauerei eine Gaststätte für einen von keiner Seite kündbaren Zeitraum von 10 Jahren. Nach
Ablauf dieses Zeitraumes ist eine jährliche Verlängerungsmöglichkeit vorgesehen. Die
monatliche Pacht beträgt über die gesamte Laufzeit gleichbleibend ohne Umsatzsteuer
€ 500. Die Brauerei optiert nach § 9 UStG bei der Vermietung der Gaststätte zur Umsatz-
steuerpflicht, so dass hierdurch der Umsatz nicht mehr nach § 4 Nr. 12a UStG steuerbefreit, sondern steuerpflichtig ist.

In 05 wurde der Pachtvertrag auf Wunsch des Lutz Klein zum 30.06.05 vorzeitig beendet.
Er einigt sich mit der Brauerei dahingehend, die Pacht noch bis zum 31.12.05 für die vor-
zeitige Vertragsauflösung zu entrichten.

Wie ist der gesamte Fall umsatzsteuerlich zu beurteilen?

Lösung:

1. Die Verpachtung der Gaststätte ist eine sonstige Leistung (§ 3 Abs. 9 S. 1 UStG) der Brauerei an Lutz Klein, die steuerbar und steuerpflichtig ist (§ 3a Abs. 2 Nr. 1, § 1 Abs. 1 Nr. 1, § 4 Nr. 12a, § 9, § 10 Abs. 1, § 12 Abs. 1 UStG). Das Entgelt stellt die Nettopacht iHv. € 500 dar, die mit einem Steuersatz iHv. 19% zu belegen ist, so dass sich eine monatliche Gesamtpachtzahlung iHv. € 595 ergibt. Lutz Klein ist zum Vorsteuerabzug berechtigt (§ 15 Abs. 1 UStG).

2. Das Einverständnis zur Auflösung des Pachtverhältnisses stellt eine sonstige Leistung der Brauerei dar (§ 3 Abs. 9, § 3a Abs. 1 UStG (begründet auch durch § 3a Abs. 2 Nr. 1 UStG)), die nach § 1 Abs. 1 Nr. 1 UStG steuerbar und mangels Steuerbefreiung auch steuerpflichtig ist. Die Bemessungsgrundlage stellen die Pachtzahlungen für den Zeitraum 01.07-31.12.05 dar: 6 Monate x € 500 = € 3.000 zuzüglich 19% USt. iHv. € 570. Lutz Klein ist zum Vorsteuerabzug der € 570 berechtigt.

   Die von Lutz Klein geleisteten Pachtzahlungen (1.7.-31.12.05) stellen keinen echten, sondern unechten Schadensersatz dar, weil kein Vermögensverlust ausgeglichen wird. Vielmehr gibt die Brauerei eine gesicherte Rechtsposition aus einem Vertragsverhältnis gegen Entgelt auf, so dass ein Leistungsaustausch vorliegt.

6.8 Im Rahmen seines Unternehmens

In den Rahmen des Unternehmens fallen:
- Grundgeschäfte
- Hilfsgeschäfte
- Nebengeschäfte

Grundgeschäfte sind Leistungen, die den Hauptzweck der eigentlichen nachhaltigen Unternehmertätigkeit bilden. Bei einem Hotelbetrieb bspw. die Beherbergung und die Bewirtung von Übernachtungsgästen.

Hilfsgeschäfte sind Leistungen, die die Haupttätigkeit mit sich bringt, wobei es auf die Nachhaltigkeit der Hilfsgeschäfte nicht ankommt (bspw. der Verkauf von ausgedienten Anlagegütern der Unternehmung).

Nebengeschäfte sind gelegentliche Leistungen, die Ausfluss aus der Haupttätigkeit sind und mit ihr in einem wirtschaftlichen Zusammenhang stehen (z.B. Steuerberater hält an der Kreisvolkshochschule einen Kurs „Steuern sparen").

Abschließend nun zwei Beispiele, die zusammenfassend alle Tatbestandsmerkmale des § 1 Abs. 1 Nr. 1 UStG berücksichtigen:

Beispiele:

Ein Hotelier vermietet in Ahrweiler ein Doppelzimmer für eine Nacht an die Gäste Herta und Siegmund Meier für insgesamt € 238.

Sind die fünf Tatbestandsmerkmale des § 1 Abs. 1 Nr. 1 UStG erfüllt?

Lösung:

1.	Liegt eine Lieferung oder sonstige Leistung vor?		
		→	Ja, „… sonstige Leistung, vermietet Doppelzimmer …"
2.	Unternehmer?	→	Ja, „… ein Hotelier …"
3.	Im Inland?	→	Ja, „… in Ahrweiler …"
4.	Gegen Entgelt?	→	Ja, „… für € 200 zzgl. € 38 Umsatzsteuer …"
5.	Im Rahmen des Unternehmens		
		→	Ja, „… in seinem Hotel …"

Rechtsfolge: Der Umsatz ist gemäß § 1 Abs. 1 Nr. 1 UStG steuerbar.

Ein Student aus Remagen verkauft seinen privaten PKW für € 2.500 an den Käufer Julius Müller. Der Student verwendete das Auto ausschließlich für private Zwecke.

Lösung:

1.	Lieferung oder sonstige Leistung?		
		→	Ja, „… Lieferung, veräußert PKW …"
2.	Unternehmer?	→	Nein, „… ein Student …"
3.	Im Inland?	→	Ja, „… in Remagen …"
4.	Gegen Entgelt?	→	Ja, „… für € 2.500 …"
5.	Im Rahmen des Unternehmens?		
		→	Nein, „… ausschließlich private Zwecke …"

Rechtsfolge: Der Umsatz ist gemäß § 1 Abs. 1 Nr. 1 UStG nicht steuerbar, da nicht sämtliche Tatbestandsmerkmale erfüllt sind. Insofern löst dieser Umsatz keine Umsatzbesteuerung aus.

Fragen und Lösungen

1. Was sind umsatzsteuerliche *Leistungen*?
   Leistungen ist der Oberbegriff für *Lieferungen* und *sonstige Leistungen*.
   Lieferungen liegen vor, wenn ein Unternehmer die Verfügungsmacht über ein Gegenstand dem Käufer oder einen beauftragten Dritten verschafft. *Sonstige Leistungen* liegen vor, wenn die vom Unternehmer erbrachte Leistung keine Lieferung ist.

2. Wann ist die Verfügungsmacht verschafft?
   Die Verschaffung der Verfügungsmacht ist immer dann erfüllt, wenn der Abnehmer das rechtliche oder wirtschaftliche Eigentum besitzt. Bei beweglichen Sachen ist dies der Zeitpunkt der Einigung und Übergabe, in der Regel verbunden mit dem Übergang von Nutzen und Lasten aus dieser Sache.

3. Ist der Bezug von Gas, Strom und Wasser als *Lieferung* oder *sonstige Leistung* einzuordnen?
   Bei Gas, Strom und Wasser handelt es sich um Lieferungen, obwohl keine Verschaffung der Verfügungsmacht an körperlichen Gegenständen erfolgt.

4. Nennen Sie Beispiele für *sonstige Leistungen*!
   Miet- und Pachtleistungen, Werk-, Dienst-, Vermittlungs- und Beförderungsleistungen. Also bspw. Haareschneiden beim Friseur, Nutzung der Autowaschanlage bei der Tankstelle, Rechtsberatung beim Rechtsanwalt, eine medizinische Untersuchung beim Arzt, Erstellung der Steuererklärung beim Steuerberater, Fahrt mit dem Taxi.

5. Ein Kunde bestellt in einem Möbelhaus eine Schrankwand, die sechs Wochen später an ihn ausgeliefert wird. Unterliegt der Vertragsabschluss in Form der schriftlichen Bestellung der Schrankwand der Umsatzsteuer oder die spätere Auslieferung der Schrankwand?
   Umsatzsteuerlicher Gegenstand der Leistung ist nicht das obligatorische Verpflichtungsgeschäft, hier in Form des abgeschlossenen Kaufvertrages, sondern das sachenrechtliche dingliche Erfüllungsgeschäft, hier in Form der späteren Lieferung der Schrankwand. Diese Differenzierung zwischen Verpflichtungs- und Erfüllungsgeschäft ist für den Zeitpunkt der Entstehung des steuerbaren Umsatzes und damit auch für das Entstehen der Umsatzsteuer von Bedeutung.

6. Was ist eine *Werklieferung* und grenzen Sie sie von der *Werkleistung* ab!
   Kennzeichnend für die Werklieferung ist, dass der Hersteller bzw. der verarbeitende Unternehmer die erforderlichen Hauptstoffe selbst beschafft im Gegensatz zur Werkleistung, bei der keine selbstbeschafften Hauptstoffe Eingang in die Leistung finden.

7. Was sind *unentgeltliche Wertabgaben*?
   Unentgeltliche Wertabgaben sind Leistungsabgaben des Unternehmens, die der Unternehmer für sich oder andere bezieht, hierfür aber kein Geld zahlt.

8. Wie wird die *unentgeltliche Wertabgabe* im Rahmen der Umsatzsteuer behandelt?
   Die unentgeltliche Wertabgabe wird besteuert, sodass ein unversteuerter Letztverbrauch verhindert wird bzw. eine Gleichstellung mit den Letztverbrauchern erfolgt. Hierzu wird die unentgeltliche Wertabgabe den Lieferungen bzw. sonstigen Leistungen gleichgestellt,

so dass sie besteuert werden kann. In Abhängigkeit der Art der dem Unternehmen entzogenen Leistung wird entweder der Einkaufspreis zuzüglich Nebenkosten, die Selbstkosten oder die entstandenen Ausgaben als Bemessungsgrundlage für den Steuersatz berücksichtigt.

9. Welche Staaten umfasst das *Gemeinschaftsgebiet*?
   Das Gemeinschaftsgebiet umfasst alle Staaten der Europäischen Union.

10. Was sind Drittlandsgebiete?
    Drittlandsgebiete sind aller Länder, die kein Gemeinschaftsgebiet sind.

11. Welche Tatbestände müssen nach § 1 Abs. 1 Nr. 1 UStG im Einzelnen erfüllt sein, damit ein *steuerbarer Umsatz* vorliegt?
    Bei dem Umsatz muss es sich um eine
    – Lieferung oder sonstige Leistung handeln,
    – die ein Unternehmer
    – im Inland
    – gegen Entgelt
    – im Rahmen seines Unternehmens ausführt.

12. Welche Konsequenz tritt ein, wenn der Umsatz nicht alle geforderten Tatbestände des § 1 Abs. 1 Nr. 1 UStG erfüllt, weil beispielsweise der Ort der Lieferung nicht im Inland liegt?
    In diesen Fällen ist der Umsatz nicht steuerbar. Es sind keine weiteren steuerlichen Beurteilungen/ Prüfungen mehr vorzunehmen, wie bspw. Feststellung der Bemessungsgrundlage oder Ermittlung des Steuersatzes. Der Sachverhalt wird von der Umsatzsteuer nicht erfasst; es kann keine Umsatzsteuer entstehen.

13. Welche Funktionen erfüllt das *Entgelt* im Umsatzsteuerrecht?
    Das Entgelt erfüllt eine Doppelfunktion: Zum einen ist es die Bemessungsgrundlage für den anzuwendenden Steuersatz. Zum anderen ist es Ausdruck des Leistungsaustausches.

14. Geben Sie Beispiele von Sachverhalten bzw. Geschäftsvorfällen an, bei denen kein Leistungsaustausch vorliegt?
    – Bei der Rückgabe einer Lieferung, bei der der Kunde sein Geld erstattet bekommt.
    – Echter Schadensersatz, durch den ein Vermögensverlust ausgeglichen wird.
    – Echte Mitgliedsbeiträge, die zur Erfüllung allgemeiner Vereinsaufgaben und nicht für spezielle Gegenleistungen geleistet werden.
    – Werbegeschenke, bei denen keine direkte Gegenleistung erfolgt.
    – Nicht steuerbare Innenumsätze zwischen verschiedenen Betriebsteilen eines Unternehmens.

15. Welche Geschäfte beim umsatzsteuerlichen Unternehmer fallen unter den *Rahmen seines Unternehmens*?

Der Unternehmer tätigt im Rahmen seines Unternehmens

– Grundgeschäfte,
– Hilfsgeschäfte und
– Nebengeschäfte.

Grundgeschäfte bilden das Kerngeschäft der Unternehmung ab. Hilfsgeschäfte ergeben sich aus der Haupttätigkeit, haben aber mit dem eigentlichen Grundgeschäft in der Regel nichts zu tun, wie bspw. die Veräußerung, Entnahme sowie Vermietung von Anlagegegenständen oder der Verkauf des Betriebes. Nebengeschäfte stehen ebenfalls in wirtschaftlichem Zusammenhang mit den Grundgeschäften, sind im Vergleich dazu aber atypisch.

7   Steuerbefreiung von Umsätzen

Sofern der Umsatz steuerbar ist, d.h. er erfüllt alle Tatbestandsmerkmale des § 1 Abs. 1 Nr. 1 UStG, – und auch nur dann – muss geprüft werden, ob das Umsatzsteuergesetz für diesen speziellen Umsatz (Geschäftsvorfall) eine Steuerbefreiung (**§ 4 UStG**) vorsieht. Die Prüfung kann zwei Ergebnisse bzw. Folgen haben:

1. Liegt eine Steuerbefreiungsvorschrift für diesen speziellen steuerbaren Umsatz vor, so ist er zwar **steuerbar**, aber **steuerbefreit**. Die Rechtsfolge hieraus ist, dass **keine Umsatzbesteuerung** ausgelöst wird.
2. Enthält das Gesetz keinen Steuerbefreiungstatbestand für diesen steuerbaren Umsatz, so ist er **steuerbar** und **steuerpflichtig**. Die Rechtsfolge hieraus ist, dass er die **Umsatzbesteuerung** auslöst.

Aus systematischen Gründen hat die **Prüfung der Steuerpflicht** immer erst **nach** der Prüfung der **Steuerbarkeit** zu erfolgen. Nur wenn entsprechend der vorangegangen Erläuterungen ein **steuerbarer Umsatz** gegeben ist, muss geprüft werden, ob dieser **steuerpflichtig** ist oder eine **Befreiungsvorschrift** greift. Ist der gegebene Umsatz **nicht steuerbar**, so erübrigt sich die Prüfung der Steuerpflicht bzw. Steuerbefreiung.

Durch die Steuerbefreiung wird erreicht, dass der private Endabnehmer Leistungen bezieht, die nicht mit Umsatzsteuer belastet sind. Die Gründe für derartige Befreiungen sind vielfältig. Grundsätzlich will der Gesetzgeber den privaten **Endverbrauch im Inland** mit der Umsatzsteuer belasten. Leistungen in das Ausland (z.B. Ausfuhren, innergemeinschaftliche Lieferungen) sollen unbelastet bleiben, da ein Verbrauch im Inland nicht stattfindet. Diese Steuerbefreiungen dienen gleichzeitig der Wettbewerbsneutralität und der Vermeidung von Doppelbesteuerungen. Daneben werden aber auch – systemwidrig – Leistungen im Inland steuerfrei gestellt. Die Motive des Gesetzgebers beruhen dabei im Wesentlichen auf sozialen Erwägungen, indem durch die Befreiung der Bezug bestimmter Leistungen für den Endverbraucher um die Umsatzsteuer verbilligt werden soll (bspw. Vermietungsleistungen (§ 4 Nr. 12 UStG); ärztliche Behandlungen (§ 4 Nr. 14 UStG). Die umsatzsteuerliche Befreiung von Grundstückserwerben (§ 4 Nr. 9a UStG) soll jedoch eine Doppelbesteuerung mit Verkehrssteuern (Umsatzsteuer und Grunderwerbsteuer) vermeiden.

In § 4 UStG sind im Wesentlichen alle steuerfreien Umsätze aufgeführt. Die dort genannten Befreiungstatbestände lassen sich insbesondere im Hinblick auf den später noch behandelten Vorsteuerabzug[11] in drei Gruppen aufteilen:

---

[11]   Vgl. die Ausführungen unter dem Gliederungspunkt 14.

- Umsatzsteuerbefreiungen, die den Vorsteuerabzug zulassen.
- Umsatzsteuerbefreiungen, die den Vorsteuerabzug nicht zulassen.
- Umsatzsteuerbefreiungen, bei denen der Unternehmer sich für die Steuerpflicht (Umsatzsteuer) entscheiden (optieren) kann (§ 9 Abs. 1 UStG), was im nachfolgenden Gliederungspunkt behandelt wird.

Fragen und Lösungen

1. Was bedeutet folgende Aussage: *Der Geschäftsvorfall ist umsatzsteuerfrei.*
   Ein Geschäftsvorfall der umsatzsteuerfrei ist, muss zugleich steuerbar sein, wird aber durch eine Befreiungsvorschrift des UStG, insbesondere durch § 4 UStG, von der Umsatzsteuer befreit. Dies bedeutet, dass keine Umsatzsteuer auf diesen Geschäftsvorfall erhoben wird. Die Leistung „verbilligt" sich für den Erwerber um den Umsatzsteuerbetrag.

2. Wie sind Geschäftsvorfälle zu behandeln, die steuerbar sind, aber nicht steuerfrei?
   Derartige Geschäftsvorfälle unterliegen der Umsatzbesteuerung, da sie mangels Steuerbefreiung *steuerpflichtig* sind. Ihr (Netto-)Verkaufspreis erhöht sich um den entsprechenden Umsatzsteuerbetrag.

8 Aufhebung der Steuerbefreiung (Option zur Steuerpflicht)

Der Unternehmer kann auf die Umsatzsteuerbefreiung einiger bestimmter Umsätze verzichten, sofern er diese Umsätze an einen anderen **Unternehmer** für **dessen Unternehmen** ausführt (§ 9 Abs. 1 UStG).

Der Verzicht auf die Steuerfreiheit bewirkt, dass zum einen der ausgeführte Umsatz **steuerpflichtig** wird und zum anderen, dass der leistende Unternehmer zum Abzug der **Vorsteuer** aus seinen Eingangsrechnungen berechtigt ist, die mit diesen Umsätzen in Zusammenhang stehen (§ 15 UStG).

Eine Option zur Steuerpflicht ist für den leistenden Unternehmer immer dann von Vorteil, wenn der Leistungsempfänger ebenfalls zum Vorsteuerabzug berechtigt ist. Denn in dieser Situation erhält der Leistungsempfänger die Umsatzsteuer als Vorsteuer vom Finanzamt erstattet. Ist der Leistungsempfänger nicht zum Vorsteuerabzug berechtigt, erhält er die Umsatzsteuer folglich nicht vom Finanzamt erstattet, wodurch sich sein Aufwand bzw. die Anschaffungskosten der Leistung erhöhen.

Der leistende Unternehmer hat bei folgenden steuerfreien Umsätzen die Optionsmöglichkeit zur Umsatzbesteuerung (§ 9 Abs. 1 UStG):
- bestimmte Geld- und Kreditumsätze (§ 4 Nr. 8a-g UStG)
- Umsätze, die unter das Grunderwerbsteuergesetz fallen (§ 4 Nr. 9a UStG)
- bestimmte Leistungen im Zusammenhang mit Grundstücken, insbesondere die Vermietung und Verpachtung (§ 4 Nr. 12 und Nr. 13 UStG)
- Leistungen der Wohnungseigentümergemeinschaften (§ 4 Nr. 13 UStG)
- Umsätze der Blinden (§ 4 Nr. 19 UStG)

Beispiel:

Herr Ludwig Leber besitzt ein Wohnhaus in Remagen, das er vermietet. In der Wohnung im Erdgeschoss betreibt ein Rechtsanwalt freiberuflich eine Praxis. Im Obergeschoss betreibt ein Arzt für Allgemeinmedizin ebenfalls freiberuflich eine Praxis. Die Dachgeschosswohnung wird von einer dreiköpfigen Familie bewohnt.

Die Vermietungen an den Rechtsanwalt und den Arzt erfolgen an andere Unternehmer. Der Rechtsanwalt erzielt Umsätze, die den Vorsteuerabzug nicht ausschließen, was dazu führt, dass der Vermieter Leber eine Option zur Umsatzbesteuerung der Vermietungsleistung besitzt (§ 9 UStG).

Herr Leber entschließt sich bezüglich der Vermietung an den Rechtsanwalt für die Steuerpflicht des Umsatzes gemäß § 9 Abs. 1 iVm. § 4 Nr. 12a UStG. Er muss damit die Mieteinnahmen mit 19% Umsatzsteuer erheben, kann aber gleichzeitig die Vorsteuer aus seinen Eingangsrechnungen (z.B. Reparaturen, Instandhaltungsaufwendungen usw.), die die Vermietung an den Rechtsanwalt betreffen, in Abzug bringen. Der Rechtsanwalt kann die gezahlte Umsatzsteuer als Vorsteuer nach § 15 Abs. 1 UStG gegenüber dem Finanzamt geltend machen.

Der Arzt ist aufgrund seiner getätigten Umsätze nach § 4 Nr. 14 UStG umsatzsteuerbefreit. Eine Option zur Umsatzbesteuerung ist für ihn nicht möglich (§ 9 Abs. 1 UStG). Das wiederum hat zur Folge, dass der Vermieter Leber ebenfalls insoweit keine Optionsmöglichkeit zur Umsatzbesteuerung der Vermietungsleistung nach § 9 UStG besitzt, da der Arzt als Leistungsempfänger die Räume ausschließlich für Umsätze verwendet, die den Vorsteuerabzug ausschließen. Dies wäre aber gerade die Voraussetzung für die Optionsmöglichkeit des Vermieters gewesen (§ 9 Abs. 2 UStG). Im Ergebnis kann der Vermieter somit nur steuerfrei an den Arzt vermieten. Gezahlte Vorsteuer aus Eingangsrechnungen kann der Vermieter gegenüber dem Finanzamt nicht geltend machen, soweit die Eingangsrechnungen auf die an den Arzt vermieteten Räume entfallen.

Bei den Mieteinnahmen aus der Dachgeschosswohnung besteht keine Optionsmöglichkeit für Herrn Leber, da er an eine Privatperson und nicht an einen anderen umsatzsteuerlichen Unternehmer vermietet. Eine Option nach § 9 UStG ist in diesem Fall ausgeschlossen. Dies führt dazu, dass Vermieter Leber zum einen keine Umsatzsteuer auf die Miete erheben darf (steuerfrei) und er zum anderen keine Vorsteuer aus Eingangsrechnungen beim Finanzamt geltend machen kann, die auf diese Wohnung entfallen.

Fragen und Lösungen

1. Was bewirkt die Option zur Steuerpflicht, die bei bestimmten steuerfrei gestellten Umsätzen durch den leistenden Unternehmer gewählt werden kann?
   Die steuerfrei gestellten Umsätze werden durch die Ausübung der Option durch den Unternehmer nunmehr steuerpflichtig, mit der Folge, dass sich die Endpreise um den Umsatzsteuerbetrag erhöhen.

2. Worin liegt der Vorteil steuerbefreite Umsätze steuerpflichtig zu stellen?

   Zwar erhöht sich auf der Leistungsseite der Abgabepreis der Leistung, zugleich hat der leistende Unternehmer aber den Vorteil nun aus seinen Eingangsrechnungen, die im Zusammenhang mit der erbrachten Leistung angefallen sind, die Umsatzsteuer als Vorsteuer gegenüber dem Finanzamt geltend zu machen, was sonst unzulässig wäre. Hierdurch verringert sich entsprechend sein Aufwand.

   Der Leistungsempfänger hat bei Ausübung der Option nunmehr auch den Umsatzsteueranteil zu zahlen, kann ihn aber, sofern er umsatzsteuerlicher Unternehmer ist und die Leistung für sein Unternehmen ausgeführt wurde, selbst als Vorsteuer gegenüber dem Finanzamt geltend machen. In diesen Fällen führt die Option zur Steuerpflicht von steuerbefreiten Umsätzen zu einer finanziellen Entlastung des leistenden Unternehmers und zu einer unveränderten beim Leistungsempfänger.

   Sollte der Leistungsempfänger die bezogene Leistung nicht für sein Unternehmen beziehen oder es sich um keinen umsatzsteuerlichen Unternehmer handeln (privater Letztverbrauch), erhöht sich die finanzielle Belastung um den Umsatzsteuerbetrag.

3. Nennen Sie zwei Beispiele, bei denen der leistende Unternehmer die Option hat steuerbefreite Umsätze steuerpflichtig zustellen.

   Die Anzahl der steuerbefreiten Umsätze, die steuerpflichtig gestellt werden können, sind in § 9 Abs. 1 UStG aufgeführt. Enthalten sind u.a.
   – bestimmte Bankgeschäfte oder
   – Vermietungs- und Verpachtungsleistungen.

9 Bemessungsgrundlage für Lieferungen und sonstige Leistungen

Nach § 10 Abs. 1 S. 1 UStG wird bei steuerbaren und steuerpflichtigen Leistungen (Lieferungen und sonstige Leistungen) die Umsatzsteuer nach dem **Entgelt** bemessen.

Das Entgelt hat eine **Doppelfunktion**, weil es einmal Tatbestandsmerkmal für die Steuerbarkeit nach § 1 Abs. 1 Nr. 1 UStG ist (Entgelt im Rahmen des Leistungsaustausches) und zugleich die Bemessungsgrundlage für die Ermittlung der Umsatzsteuer darstellt.

Die Umsatzsteuer ergibt sich durch Anwendung des maßgeblichen Steuersatzes (§ 12 UStG) auf das Entgelt.

Entgelt ist alles, was der Leistungsempfänger (oder ein Dritter) für die Leistung aufwendet, abzüglich der Umsatzsteuer selbst (§ 10 Abs. 1 UStG). Folglich mindern auch Preisabzüge (Rabatte, Boni, Skonti) das Entgelt. Um das Entgelt rechnerisch zu ermitteln, ist die Umsatzsteuer aus der Bruttogegenleistung herauszurechnen.

Nicht zum Entgelt gehören:
- die Umsatzsteuer aus den Vorumsatzstufen
- durchlaufende Posten (§ 10 Abs. 1 S. 6 UStG; im fremden Namen und auf fremde Rechnung vereinnahmte und verausgabte Beträge; vgl. Gliederungspunkt 9.1)
- Zahlungen ohne Leistungsaustausch (echte Schenkungen, echte Schadensersatzleistungen etc.)

Die Höhe der Umsatzsteuer bemisst sich grundsätzlich nach dem **Entgelt**, also der **Gegenleistung**, die für die **erbrachte Leistung** aufgewendet wird. Das Entgelt bleibt auch dann Bemessungsgrundlage für die Umsatzsteuer, wenn es dem objektiven Wert der bewirkten Leistung nicht entspricht (Abschnitt 149 Abs. 2 UStR; Ausnahme: Umsätze iSd. § 10 Abs. 5 UStG).

Die Bemessungsgrundlage für den Steuersatz umfasst das Entgelt und damit die **gesamte** Gegenleistung, also auch Beträge, die als **Auslagen** und **Kostenersatz** vom Unternehmer berechnet werden. Hierunter fallen beispielsweise Aufwendungen für die Verpackung bei Warenlieferungen, Auslagen für Reisekosten, Spesen, Porto, Fernsprechgebühren usw. Allgemein wird von Auslagen gesprochen, wenn der Unternehmer Beträge für Rechnung eines anderen, aber im eigenen Namen ausgegeben hat.

Beispiele:

Ein Notar erteilt folgende Rechnung:

Gegenstandsgebühr	800,00 €
Schreibgebühr	28,00 €
Porto	22,00 €
Summe	850,00 €
+ USt 19%	161,50 €
Gesamtsumme	1.011,50 €

Das Entgelt beträgt € 850,-. Die berechneten Schreibauslagen und Postgebühren sind als Auslagen bzw. Kostenersatz Teile des umsatzsteuerlichen Entgelts.

Ein Fabrikant erteilt folgende Rechnung:

Lieferung Maschine	3.000,- €
Verpackungskosten	200,- €
Beförderungskosten	300,- €
Summe	3.500,- €
+ USt 19%	665,- €
Gesamtsumme	4.165,- €

In diesem Fall beträgt das Entgelt € 3.500,-. Die Verpackungs- und Beförderungskosten sind ebenfalls Teile des umsatzsteuerlichen Entgelts.

Üblicherweise berechnet der leistende Unternehmer (Rechnungsaussteller) das Entgelt und die darauf entfallende Umsatzsteuer. Lediglich bei der Erstellung von Gutschriften oder in Fällen des innergemeinschaftlichen Erwerbs wird die Umsatzsteuer vom Leistungsempfänger berechnet (§ 14 Abs. 2 UStG).

Nachfolgende Grafik enthält neben der Darstellung der Bemessungsgrundlage der Leistungen auch die der Einfuhr aus Drittlandsgebieten (Gliederungspunkt 19.2), des innergemeinschaftlichen Erwerbs (Gliederungspunkt 17.2) sowie der unentgeltlichen Leistungen (Eigenverbrauch, Gliederungspunkt 6.4).

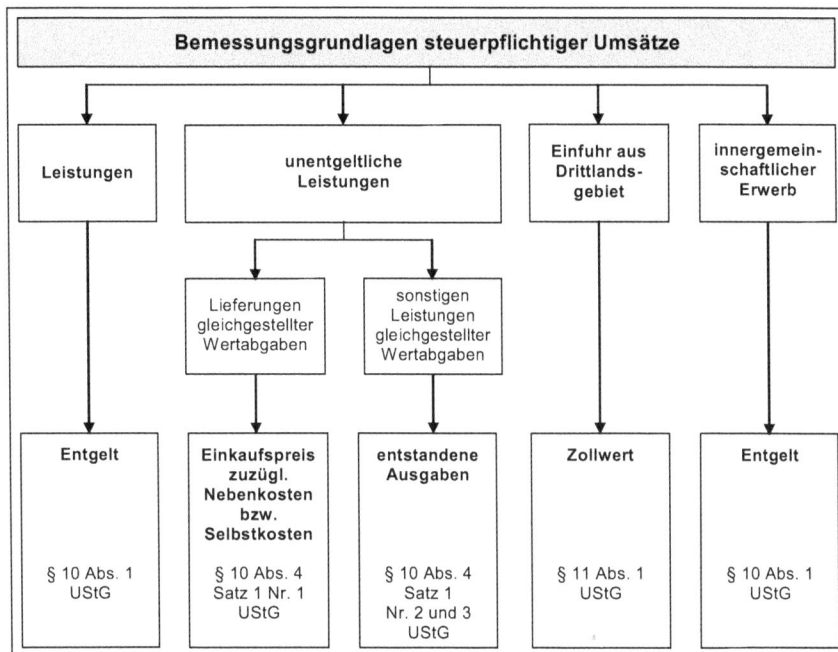

Abb. 9.1: Die einzelnen Bemessungsgrundlagen der steuerpflichtigen Umsätze
In Anlehnung an Grefe, Cord: Unternehmenssteuern, 5. Auflage, Ludwigshafen 2001, S. 352

9.1 Durchlaufende Posten

Durchlaufende Posten sind nach § 10 Abs. 1 S. 6 UStG Beträge, die der Unternehmer im **Namen** und für **Rechnung eines anderen** vereinnahmt und verausgabt. Sie gehören nicht zum Entgelt (vgl. Gliederungspunkt 6.7). Folglich wird hierauf keine Umsatzsteuer erhoben.

Gebühren und Auslagen, die Rechtsanwälte, Notare und Angehörige verwandter Berufe bei Behörden und ähnliche Stellen für ihre Auftraggeber auslegen, können auch dann als durchlaufende Posten anerkannt werden, wenn die Gebühren und Auslagen nach Gebührenordnungen berechnet werden, die den Auftraggeber als Schuldner bestimmen (Abschnitt 152 Abs. 2 S. 4 und 5 UStR).

Beispiele:

Ein Rechtsanwalt verauslagt im Namen und für Rechnung seines Klienten ein Gerichts-kostenvorschuss und erhält ihn später vom Auftraggeber zurück. Der Gerichtskostenvor-schuss gehört nicht zum Entgelt und unterliegt damit auch nicht der Umsatzsteuer, weil es sich bei ihm um einen durchlaufenden Posten handelt.

Ein Architekt bezahlt beim Bauamt im Namen und für Rechnung seines Bauherrn Gebüh-ren für eine Baugenehmigung und erhält den Betrag später von seinem Auftraggeber zu-rück. Die Gebühren gehören nicht zum Entgelt und unterliegen ebenfalls nicht der Um-satzsteuer, weil es sich um einen durchlaufenden Posten handelt.

9.2   Sonderfälle: Tausch und tauschähnlicher Umsatz

Sofern das Entgelt für eine erbrachte Leistung nicht in Geld, sondern ebenfalls in einer Leis-tung besteht, wird nach § 3 Abs. 12 UStG zwischen Tausch und tauschähnlichem Umsatz unterschieden:

* **Tausch**: Das Entgelt einer **Lieferung** besteht in einer **Lieferung**.
* **Tauschähnlicher Umsatz**: Das Entgelt für eine **sonstige Leistung** besteht in einer **Lie-ferung** oder sonstigen **Leistung**.

Der Wert jedes Umsatzes gilt als Entgelt für den anderen. Somit stellt der Wert der erhal-tenen Leistung das Entgelt der eigenen erbrachten Leistung dar. Insofern ist die Umsatzsteu-er, die auf die erhaltene Leistung entfällt und als Bezahlung für die eigene erbrachte Leistung dient, an das Finanzamt abzuführen.

Als Wert der Tauschleistungen kommt hier regelmäßig der **gemeine Wert** nach § 9 BewG in Betracht (§ 10 Abs. 2 S. 2 UStG). Der **gemeine Wert** ist der Preis, der im gewöhnlichen Ge-schäftsverkehr unter Berücksichtigung der Beschaffenheit des Wirtschaftsguts erzielbar ist (§ 9 BewG). Der Preis enthält zivilrechtlich stets die Umsatzsteuer, weshalb sie zur Ermitt-lung des Entgelts aus dem ermittelten Preis herauszurechnen ist.

Beispiel:

Ein Fahrradhersteller liefert einem Möbelhersteller ein Fahrrad. Das Fahrrad kostet im Verkauf inkl. Umsatzsteuer € 952. Als Gegenleistung erhält der Fahrradhersteller vereinbarungsgemäß einen Büroschrank. Der Büroschrank hat einen Einzelveräußerungspreis inkl. Umsatzsteuer iHv. € 1.190. Die Wertdifferenz wird nicht ausgeglichen. Im Übrigen sind die Tatbestandsmerkmale des § 1 Abs. 1 UStG erfüllt. Wie hoch ist das jeweilige Entgelt?

Lösung:

Der Sachverhalt weist zwei selbständig zu beurteilende Lieferungen auf:

1. die Lieferung des Fahrrads durch den Fahrradhersteller an den Möbelhersteller

2. die Lieferung des Büroschranks durch den Möbelhersteller an den Fahrradhersteller

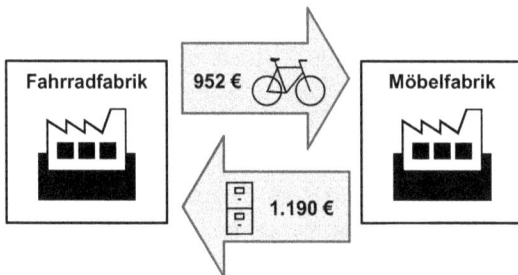

Das Entgelt für eine Lieferung besteht in einer Lieferung. Damit liegt nach § 3 Abs. 12 UStG ein Tausch vor. Der Wert jedes Umsatzes bzw. jeder Lieferung gilt als Entgelt für die andere. Als Wert kommt hier der gemeine Wert nach § 9 BewG abzüglich der Umsatzsteuer zur Anwendung (§ 10 Abs. 2 S. 2 UStG).

Zur 1. Lieferung: Gemäß des Sachverhaltes erhält der Fahrradhersteller als Gegenleistung für die Lieferung des Fahrrads den Büroschrank, dessen gemeiner Wert € 1.190 beträgt. Die Umsatzsteuer iHv. € 190 ist aus dem gemeinen Wert herauszurechen, das Entgelt beträgt somit € 1.000 (1.190/1,19; die Lieferung des Schranks unterliegt dem Regelumsatzsteuersatz iHv. 19%). Die Umsatzsteuer iHv. € 190 ist vom Fahrradhersteller an das Finanzamt abzuführen.

Zur 2. Lieferung: Für den Möbelhersteller ergibt sich ein Entgelt iHv. € 800 (952/1,19; auch hier beträgt der USt-Satz 19%). Im Übrigen entspricht die weitere Begründung den Ausführungen zur 1. Lieferung. Die Umsatzsteuer iHv. € 152 ist vom Möbelhersteller an das Finanzamt abzuführen.

Sollte bei einem Tausch oder tauschähnlichen Umsatz neben der Leistung noch ein Geldbetrag zugezahlt werden, weil der Wert der zum Austausch kommenden Leistungen unterschiedlich ist, so handelt es sich um einen **Tausch oder tauschähnlichen Umsatz mit Baraufgabe**. Beim Empfänger der Baraufgabe stellt die erhaltene Baraufgabe zusätzliches Entgelt dar, was zur Erhöhung der Bemessungsgrundlage und in Folge zur Umsatzsteuer führt. Beim Geber der Baraufgabe vermindert sie die Bemessungsgrundlage der Umsatzsteuer, da sie vom Wert des empfangenen Umsatzes abzuziehen ist (UStR 153 Abs. 1 S. 6).

Beispiele:

Die RheinAhrMedic GmbH bestellt ein neues Vertriebsfahrzeug bei einem Autohändler und gibt das alte bei Kauf des neuen dort in Zahlung. Das neue Fahrzeug kostet einschließlich 19% Umsatzsteuer 33.500 €. Das alte Vertriebsfahrzeug wird für 4.500 € vom Autohändler in Zahlung genommen. Die RheinAhrMedic zahlt somit noch 29.000 € per Banküberweisung zu.

Das Entgelt beim Autohändler setzt sich damit aus 4.500 € (Lieferung Altfahrzeug) + 29.000 € (Baraufgabe) zusammen und beträgt somit insgesamt 33.500 € abzüglich der 19% Umsatzsteuer, mithin 28.151,26 €. Der Autohändler hat damit 5.348,74 € Umsatzsteuer an die Finanzkasse abzuführen.

Das Entgelt für die Lieferung der RheinAhrMedic GmbH an den Autohändler beträgt 4.500 € (33.500 – 29.000 €) abzüglich der 19% Umsatzsteuer, mithin 3.781,51 €. Die RheinAhrMedic GmbH hat 718,49 € Umsatzsteuer für ihre Lieferung an den Autohändler an die Finanzkasse abzuführen.

Fragen und Lösungen

1. Definieren Sie den umsatzsteuerlichen Begriff des *Entgeltes*!
   Nach § 10 Abs. 1 UStG ist Entgelt alles, was der Leistungsempfänger oder ein Dritter für ihn für die Leistung aufwendet, wobei der Umsatzsteuerbetrag nicht mit zum Entgelt zählt. Das heißt, dass das Entgelt im Geschäftsleben umgangssprachlich dem so genannten Nettopreis entspricht.

2. Welche Funktion erfüllt das *Entgelt* im Umsatzsteuerrecht?
   Das Entgelt hat eine Doppelfunktion: Zum einen ist es Bemessungsgrundlage für den Steuersatz. Zum anderen ist es Ausdruck des Leistungsaustausches zwischen dem Leistungsempfänger und dem leistenden Unternehmen.

3. In welchen Fällen stellt das *Entgelt* die Bemessungsgrundlage zur Berechnung der Umsatzsteuer dar und wann nicht?
   Das Entgelt als Bemessungsgrundlage zur Ermittlung des Umsatzsteuerbetrages wird bei Leistungen nach § 1 Abs. 1 Nr. 1 UStG verwendet. Mithin also für *Lieferungen* und *sonstige Leistungen*. Daneben wird das Entgelt als Bemessungsgrundlage bei den *innergemeinschaftlichen Erwerben* herangezogen (§ 10 Abs. 1 UStG). Unentgeltliche Leistungen weisen nicht das Entgelt als Bemessungsgrundlage auf, sondern den Einkaufspreis zuzüglich Nebenkosten, die Selbstkosten oder die entstandenen Ausgaben (§ 10 Abs. 4 UStG).

Bei Einfuhren aus Drittlandsgebieten ist die Bemessungsgrundlage der Zollwert (§ 11 Abs. 1 UStG).

4. Zählen durchlaufende Posten zum *Entgelt* und wird dann hierauf Umsatzsteuer erhoben?
   Durchlaufende Posten, d.h., Beträge, die der Unternehmer im Namen und für Rechnung eines anderen vereinnahmt und verausgabt, zählen nicht zum Entgelt. Insoweit fällt keine Umsatzsteuer an.

5. Wann liegt umsatzsteuerlich gesehen ein *Tausch* vor?
   Ein Tausch liegt immer dann vor, wenn die Bezahlung des Entgeltes für eine Lieferung nicht durch Geld, sondern durch eine andere Lieferung erfolgt. Lieferung gegen Lieferung.

6. Wann liegt umsatzsteuerlich gesehen ein *tauschähnlicher Umsatz* vor?
   Ein tauschähnlicher Umsatz liegt immer bei einer sonstigen Leistung vor, deren Bezahlung nicht durch Geld erfolgt, sondern durch eine andere Lieferung oder sonstigen Leistung. Sonstige Leistung gegen Lieferung oder sonstiger Leistung.

7. Wie werden die Sachverhalte bezeichnet, bei denen ein *Tausch* oder *tauschähnlicher Umsatz* vorliegt und daneben noch Geld zum Ausgleich bezahlt wird?
   Derartige Fälle werden umsatzsteuerlich als Tausch oder tauschähnlicher Umsatz *mit Baraufgabe* bezeichnet (UStR 153 Abs. 1 S. 6).

10   Steuersätze

Grundsätzlich sieht das Umsatzsteuergesetz für steuerpflichtige Umsätze zwei Steuersätze in Abhängigkeit der Art des Umsatzes vor:

- Den **Regelsteuersatz**, auch als *allgemeiner Steuersatz* bezeichnet, in Höhe von **19%** (§ 12 Abs. 1 UStG) und
- einen **ermäßigten Steuersatz** in Höhe von **7%** (§ 12 Abs. 2 UStG).[12]

Die Aufzählung der Umsätze in § 12 Abs. 2 UStG, die dem ermäßigten Steuersatz von 7% unterliegen, ist abschließend. Insofern sind alle Umsätze, die nicht unter § 12 Abs. 2 UStG fallen, grundsätzlich automatisch mit 19% nach § 12 Abs. 1 UStG zu belegen.[13]

Dem ermäßigten Steuersatz unterliegen insbesondere:
- Lieferungen der meisten Lebensmittel und bestimmter Nutztiere
- Lieferungen von Büchern und Zeitschriften
- Lieferungen von Kunstwerken und Sammlungsstücken
- Lieferungen bestimmter medizinischer Hilfsmittel (Rollstühle usw.; keine Medikamente!)
- Erbringung diverser künstlerischer Leistungen (sofern diese nicht bereits steuerbefreit sind)
- Umsätze von Schwimm- und Heilbädern
- Personenbeförderung innerhalb einer Gemeinde oder unter 50 km Fahrstrecke

In diesem Zusammenhang ist auf die Anlage 2 zu § 12 UStG hinzuweisen, in der sämtliche Gegenstände aufgeführt sind, deren Lieferungen zum ermäßigten Steuersatz erfolgen.

Fragen und Lösungen

1. Wie hoch ist der aktuelle Regelsteuersatz und der ermäßigte Steuersatz der Umsatzsteuer?
   Der Regelsteuersatz beträgt seit dem 1.1.2007 19%. Der ermäßigte Steuersatz beträgt 7%.

---

[12] Der ermäßigte Steuersatz gilt für das gesamte Entgelt einer Leistung. Hierzu gehören auch Entgelte für unselbständige Nebenleistungen, wie bspw. Frachtkosten, Verpackungskosten usw. Die Nebenleistungen teilen das Schicksal der Hauptleistung.

[13] Neben den Steuersätzen des § 12 UStG iHv. 19 % und 7 % gibt es noch Steuersätze iHv. 5,5 % und 10,7 % für bestimmte Ausgangsumsätze der land- und forstwirtschaftlichen Betriebe (§ 24 UStG).

2. Welchen Steuersätzen unterliegen die nachfolgenden Leistungen beim Erwerb, die sämtlich von umsatzsteuerlichen Unternehmern erbracht sein sollen?

- 1/2 Pfund gerösteten Kaffee   7 %
- 10 Brötchen   7 %
- 1 l Milch   7 %
- 60 l Superbenzin   19 %
- Fernsehzeitung   7 %
- Tageszeitung   7 %
- Steuerfachbuch   7 %
- Hammer   19 %
- Autoreparatur in der Werkstatt   19 %
- Haareschneiden beim Friseur   19 %
- Medizinische Untersuchung beim Arzt   steuerfrei
- Medizinische Untersuchung des Haustiers beim Tierarzt   19 %
- Holzregal   19 %
- Tube Klebstoff   19 %
- Eimer Farbe   19 %
- 250 gr. Butter   7 %
- 250 gr. Schnitzel vom Metzger   7 %
- lebendes Pferd   7 %
- 1 Kiste Bier   19 %
- 1 Fl. Wein   19 %
- 1 Fl. Wasser   19 %
- Produktionsmaschine   19 %
- Arzneimittel aus der Apotheke   19 %
- 12 km Taxifahrt innerhalb der Stadt   7 %
- Theateraufführung in der Stadthalle   steuerfrei

11 Entstehung der Umsatzsteuer

Die **Entstehung** der Umsatzsteuer wird durch § 13 UStG geregelt, wonach grundsätzlich zwischen der **Sollversteuerung** und der **Istversteuerung** unterschieden wird.

Für Lieferungen und sonstige Leistungen **entsteht** die Umsatzsteuer bei der Berechnung nach **vereinbarten** Entgelten **(Sollversteuerung) mit Ablauf des Voranmeldezeitraumes** (vgl. Gliederungspunkt 11), **in dem die Leistung ausgeführt wurde** (§ 13 Abs. 1 Nr. 1a Satz 1 UStG). Wird jedoch bereits Geld vereinnahmt, bevor die Leistung erbracht worden ist (Anzahlung), entsteht die Steuer **insoweit** (der Anzahlung) im Voranmeldungszeitraum der Entgeltvereinnahmung (**Mindest-Ist-Besteuerung**, § 13 Abs. 1 Nr. 1a Satz 4 UStG).

Vereinbarte Entgelte bzw. **Sollversteuerung** bedeutet, dass der leistende Unternehmer die Umsatzsteuerbeträge nach den **vereinbarten** Beträgen ermittelt (§ 16 Abs. 1 S. 1 UStG) und nicht nach denjenigen, die ihm dann später tatsächlich gezahlt werden. Sollte der später gezahlte Betrag von dem vereinbarten jedoch abweichen, so hat der Unternehmer die Umsatzsteuer entsprechend zu berichtigen (§ 17 UStG).

Sofern die Umsatzbesteuerung nach der tatsächlichen Zahlung des Leistungsempfängers ermittelt wird, handelt es sich um die so genannte **Ist-Besteuerung** bzw. Besteuerung nach **vereinnahmten** Entgelten (§ 20 UStG). Die Umsatzsteuer für eine Lieferung oder Leistung nach vereinnahmten Entgelten (Ist-Besteuerung) entsteht mit dem Ablauf des Voranmeldezeitraumes, in dem das **Geld vereinnahmt** wurde (§ 13 Abs. 1 Nr. 1b UStG). Insofern ist der Zeitpunkt der Rechnungserstellung oder das Rechnungsdatum ohne Belang.

Das Entgelt ist bei der Istversteuerung vereinnahmt, wenn der Unternehmer darüber verfügen kann. Bei Bargeld muss ihm die zivilrechtliche Verfügungsmacht über die Geldscheine oder Münzen eingeräumt worden sein. Als Zeitpunkt der Vereinnahmung gilt bei Überweisung auf ein Bankkonto grundsätzlich der Zeitpunkt der Gutschrift. Ein Scheckbetrag ist grundsätzlich nicht erst mit der Einlösung des Schecks, sondern bereits mit dessen Hingabe zugeflossen, wenn der sofortigen Vorlage des Schecks keine zivilrechtlichen Abreden entgegenstehen und wenn davon ausgegangen werden kann, dass die bezogene Bank im Falle der sofortigen Vorlage des Schecks den Scheckbetrag auszahlen oder gutschreiben wird.

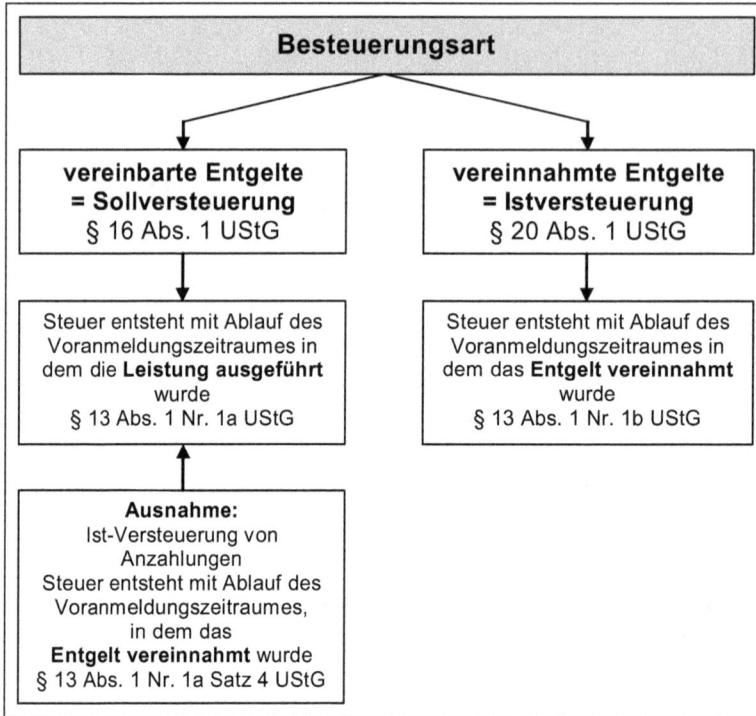

Abb. 11.1: Besteuerungsart

In Anlehnung an Seßinghaus, Carsten / Sikorski, Ralf: Abgabenordnung / Finanzgerichtsordnung / Umsatzsteuer, 7.
Auflage, Herne / Berlin 2002, S. 376

Grundsätzlich unterliegen die Unternehmer der Sollversteuerung, wonach die Steuer grundsätzlich mit Ablauf des Voranmeldungszeitraumes entsteht, in dem die Lieferung oder sonstige Leistung **ausgeführt** worden ist.

Lieferungen – einschließlich Werklieferungen – sind **ausgeführt**, wenn der Leistungsempfänger die **Verfügungsmacht** über den zu liefernden Gegenstand erlangt. Sonstige Leistungen – einschließlich Werkleistungen – sind grundsätzlich im Zeitpunkt ihrer **Vollendung**
ausgeführt. Ohne Belang ist daher der Zeitpunkt der zugrundeliegenden (kauf-)vertraglichen
Regelung, der Rechnungserstellung, das Rechnungsdatum, der Zeitpunkt der Entgeltvereinnahmung (nicht bei Istversteuerung) wie ebenso auch der Produktionszeitraum unrelevant für
die Bestimmung der „Ausführung" ist.[14]

---

[14] Der Ausführungszeitpunkt von Leistungen ist insbesondere auch bei Steuersatzänderungen der Umsatzsteuer re-
      levant. Der jeweils maßgebliche Umsatzsteuersatz bestimmt sich nach dem Augenblick, in dem die Leistung
      ausgeführt wurde, mithin vollständig abgewickelt ist. Der zu diesem Zeitpunkt gesetzlich gültige Steuersatz ist
      dann im Rahmen der Rechnungsstellung zu berücksichtigen.

Eine Besteuerung nach vereinnahmten Entgelten (Istversteuerung) kann nur auf Antrag und unter Einhaltung nachfolgender Bedingungen durchgeführt werden (§ 20 UStG):

- Der Gesamtumsatz iSd. § 19 Abs. 3 UStG hat im vorangegangenen Kalenderjahr nicht mehr als € 250.000 betragen[15] oder
- der Unternehmer ist nach § 148 AO von der Verpflichtung befreit, Bücher zu führen und regelmäßig Abschlüsse zu machen oder
- er führt Umsätze aus einer Tätigkeit als Angehöriger eines freien Berufs iSd. § 18 Abs. 1 Nr. 1 EStG aus.

Wie eingangs des Gliederungspunktes bereits kurz ausgeführt, wird bei **Anzahlungen** die grundsätzliche Regelung, dass der Zeitpunkt der Leistung allein entscheidend ist für welchen Voranmeldungszeitraum ein Umsatz zu berücksichtigen ist, durchbrochen. Anzahlungen werden **Istversteuert**, mit der Folge, sobald das Entgelt oder ein Teil des Entgeltes vereinnahmt wurde, bevor die Leistung oder die Teilleistung ausgeführt worden ist, entsteht insoweit die Steuer mit Ablauf des Voranmeldungszeitraums, in dem das Entgelt oder das Teilentgelt vereinnahmt worden ist (§ 13 Abs. 1 Nr. 1a S. 4 UStG).[16]

Sofern **Teilleistungen** bei einem größeren Auftrag vereinbart sind, entsteht die Steuer mit Ablauf des Voranmeldezeitraums, in dem die Teilleistung **ausgeführt** worden ist (**Soll-versteuerung**). Teilleistungen liegen immer dann vor, wenn für bestimmte Teile einer wirtschaftlich teilbaren Leistung das Entgelt gesondert vereinbart wird.

Bei **unentgeltlichen Wertabgaben** entsteht die Umsatzsteuer nach den Regelungen der **Sollversteuerung**, d.h. die Steuer entsteht mit Ablauf des Voranmeldungszeitraums (§ 18 UStG), in dem die Leistung **ausgeführt** worden ist (§ 13 Abs. 1 Nr. 2 UStG).

Fragen und Lösungen

1. Zwischen welchen Verfahren unterscheidet das Umsatzsteuerrecht hinsichtlich des Zeitpunktes der Entstehung der Umsatzsteuer?
   Das Umsatzsteuerrecht unterscheidet zwischen der
   – *Sollversteuerung* (§ 13 Abs. 1 Nr. 1a S. 1 UStG) und der
   – *Istbesteuerung* (§ 13 Abs. 1 Nr. 1b UStG).

2. Was sind die kennzeichnenden Unterschiede zwischen diesen zwei Besteuerungsverfahren?
   Bei der Sollversteuerung entsteht die Umsatzsteuer in dem Voranmeldungszeitraum, in dem die Leistung ausgeführt wurde. Der Zeitpunkt der Umsatzsteuerentstehung ist damit

---

[15] Die Betragsgrenze von 250.000 € bezieht sich auf Unternehmen, die ihren Sitz in den alten Bundesländern haben. Für Unternehmen mit Sitz in den neuen Bundesländern gilt eine erhöhte Umsatzgrenze von 500.000 €, die bis zum 31.12.2009 befristet ist (§ 20 Abs. 2 UStG).

[16] Beachte weitere Besonderheiten bspw. bei § 13b UStG „Leistungsempfänger als Steuerschuldner" oder § 16 Abs. 5 UStG „Beförderungseinzelbesteuerung" bzw. auf die Besonderheiten der Sollversteuerung in der Bauwirtschaft bzw. bei Architekten und Ingenieuren (vgl. Abschnitt 178 UStR und Abschnitt 179 UStR).

losgelöst vom Zahlungszeitpunkt des Kunden. Vielmehr hängt sie vom Zeitpunkt der ab-
schließenden Leistungsausführung durch den leistenden Unternehmer ab.

Bei der Istbesteuerung entsteht die Umsatzsteuer in dem Voranmeldungszeitraum, in dem
der leistende Unternehmer das Entgelt vereinnahmt hat. Insofern ist der Zeitpunkt des
Geldeingangs beim leistenden Unternehmer entscheidend.

3. Wann entsteht die Umsatzsteuer bei Anzahlungen durch den Kunden?
    Bei Kundenanzahlungen gilt die Istbesteuerung. D.h., die Steuer entsteht mit Ablauf des
    Voranmeldungszeitraumes, in dem der leistende Unternehmer das Entgelt vereinnahmt
    hat, obwohl er noch nicht geleistet hat (§ 13 Abs. 1 Nr. 1a S. 4 UStG).

4. Wann entsteht die Umsatzsteuer bei *unentgeltlichen Wertabgaben*, bei denen die Leis-
    tungsabgabe nicht bezahlt wird?
    Bei unentgeltlichen Wertabgaben gilt die Sollversteuerung, d.h., die Umsatzsteuer ent-
    steht mit Ablauf des Voranmeldungszeitraumes, in dem die Leistung ausgeführt bzw.
    entnommen wurde (§ 13 Abs. 1 Nr. 2 UStG).

12 Voranmeldungszeitraum

Wer zu welchem Zeitpunkt Umsatzsteuer-Voranmeldungen abzugeben hat, regelt § 18 UStG. Grundsätzlich sind quartalsweise Umsatzsteuer-Voranmeldungen abzugeben bzw. der Voranmeldungszeitraum ist grundsätzlich das **Kalendervierteljahr** (§ 18 Abs. 2 S. 1 UStG).

Beträgt die Umsatzsteuerzahllast[17] für das vorangegangene Kalenderjahr jedoch mehr als € 6.136, ist der **Kalendermonat** Voranmeldungszeitraum (§ 18 Abs. 2 S. 2 UStG).

Beträgt die Steuer für das vorangegangene Kalenderjahr nicht mehr als € 512, kann das Finanzamt den Unternehmer von der Verpflichtung zur Abgabe der Umsatzsteuer-Voranmeldungen und Entrichtung der Vorauszahlungen auf Antrag befreien (§ 18 Abs. 2 S. 3 UStG). Der Unternehmer gibt dann nur noch eine Umsatzsteuerjahreserklärung ab.

Sofern der Unternehmer für das vorangegangene Kalenderjahr einen Überschuss (Erstattung) von mehr als 6.136 € erhalten hat, kann er auf Antrag monatliche Umsatzsteuer-Voranmeldungen abgegeben (§ 18 Abs. 2a UStG).

Voranmeldungszeitraum ist:		
Kalendervierteljahr	jährliche USt-Zahllast	≤ 6.136 €
Kalendermonat	jährliche USt-Zahllast	> 6.136 €
Kalendermonat	jährliche Überschuss	> 6.136 €
Umsatzsteuerjahreserklärung	jährliche USt-Zahllast	≤ 512 €

Abb. 12.1: Voranmeldungszeiträume

Nimmt der Unternehmer seine berufliche oder gewerbliche Tätigkeit erstmalig auf, ist im laufenden und folgenden Kalenderjahr der Voranmeldungszeitraum zwingend der **Kalendermonat** (§ 18 Abs. 2 S. 4 UStG).

Durch die laufenden Umsatzsteuer-Voranmeldungen (vgl. Gliederungspunkt 12) wird erreicht, dass die Umsatzsteuer zum größten Teil schon während des laufenden Besteuerungszeitraumes an das Finanzamt abgeführt wird.

---

[17] Die Zahllast ergibt sich aus dem Saldo der abzuführenden Umsatzsteuer abzüglich der abziehbaren Vorsteuer.

Fragen und Lösungen

1. Erklären Sie den Begriff *Voranmeldungszeitraum*!
   Der Voranmeldungszeitraum ist ein abgegrenzter Zeitraum, entweder kalendervierteljähr-lich oder kalendermonatlich. Alle die von dem Unternehmer jeweils in diesem Zeitraum vereinnahmten (Istversteuerung) bzw. vereinbarten (Sollversteuerung) Umsatzsteuerbe-träge sowie die Vorsteuerbeträge sind dem Finanzamt durch eine Umsatzsteuer-Voranmeldung mitzuteilen.

2. Welchen Voranmeldungszeitraum haben Existenzgründer?
   Sofern der umsatzsteuerliche Unternehmer seine berufliche oder gewerbliche Tätigkeit erstmalig aufnimmt, ist sein Voranmeldungszeitraum im laufenden und folgenden Kalen-derjahr zwingend jeweils der einzelne Kalendermonat, losgelöst von seiner tatsächlichen Umsatzsteuer-Zahllast.

3. Was will der Staat mit der Verpflichtung zur laufenden Abgabe von Umsatzsteuer-Voranmeldungen erreichen?
   Mit der Abgabe der laufenden Umsatzsteuer-Voranmeldungen sind die Unternehmer zugleich auch verpflichtet, die sich – in der Regel – ergebenden Zahllasten an die Fi-nanzbehörden abzuführen. Hierdurch hat der Staat schon während des laufenden Kalen-derjahres das Umsatzsteueraufkommen zur Verfügung und nicht erst bei Abrechnung der Umsatzsteuerjahreserklärung im Folgejahr.

13 Umsatzsteuer-Voranmeldung, Dauerfristverlängerung und Umsatzsteuerjahreserklärung

Der Unternehmer hat bis zum **zehnten Tag** nach Ablauf jedes Voranmeldungszeitraumes eine **Umsatzsteuer-Voranmeldung** auf elektronischem Wege an das Finanzamt zu übermitteln. Zur Vermeidung von unbilligen Härten kann auf Antrag hierauf jedoch verzichtet werden und weiterhin der bisherige amtliche Papiervordruck verwendet werden (§ 18 Abs. 1 UStG).

In der Umsatzsteuer-Voranmeldung hat der Unternehmer die Steuer für den Voranmeldungszeitraum **selbst** zu berechnen (Vorauszahlung; § 18 Abs. 1 UStG). Umsatzsteuer-Voranmeldung bedeutet aber nicht, dass der Unternehmer im Voraus die Steuern der erwarteten Ausgangs- und Eingangsumsätze erfassen muss. Vielmehr wird in der Voranmeldung der abgelaufene Zeitraum erfasst, wodurch der Begriff Umsatzsteuer-Voranmeldung zunächst irreführend ist. Voranmeldung bezieht sich auf die Umsatzsteuerjahreserklärung, in der dann alle kalendervierteljährlich bzw. monatlich abgegebenen Voranmeldungen berücksichtigt werden.

Die von anderen Unternehmern in Rechnung gestellte Umsatzsteuer wird als Vorsteuer – sofern sie abzugsfähig ist – in der Umsatzsteuererklärung (Umsatzsteuer-Voranmeldung/ Umsatzsteuerjahreserklärung) von der Umsatzsteuer abgezogen, die sich durch die eigenen steuerpflichtigen Umsätze ergibt (§ 16 Abs. 2 UStG). Sofern sich beide Größen nicht ausgleichen – und das ist in der Praxis regelmäßig der Fall –, stellt der sich ergebende **Saldo** die verbleibende **Umsatzsteuerschuld (Zahllast)** bzw. den **Erstattungsanspruch** dar.

	Umsatzsteuer auf steuerpflichtige Umsätze (19% / 7%)
–	Vorsteuer aus Eingangsrechnungen
=	Zahllast oder Erstattungsanspruch

Die Zahllast ist bis zum

- zehnten Tag nach Ablauf des Voranmeldungszeitraumes (§ 18 Abs. 1 S. 3 UStG) bzw.
- um einen Monat später verschobenen zehnten Tag nach Ablauf des Voranmeldungszeitraumes (**Dauerfristverlängerung**; § 46 UStDV)

an die Finanzkasse zu zahlen.

Der Steuerpflichtige kann auf Antrag beim Finanzamt eine **Dauerfristverlängerung** für das Kalenderjahr erreichen, wodurch er die **Abgabefrist** für die laufenden Umsatzsteuer-Voranmeldungen **und** für die **Entrichtung** der Vorauszahlungen um jeweils einen Monat verlängert (§ 46 UStDV).

Beispiel:

Der Malermeister Karl Groß, Remagen, muss monatlich seine Umsatzsteuer-Voranmeldungen beim Finanzamt Bad Neuenahr-Ahrweiler abgeben.

Die Umsatzsteuer-Voranmeldung für den Monat Februar 03 hat er somit bis spätestens 10. März 03 beim Finanzamt einzureichen und ggf. Vorauszahlungen (Zahllast) zu leisten.

Sofern der Malermeister für das Kalenderjahr 03 aber eine Dauerfristverlängerung beantragt und gewährt bekommen hat, darf er die Abgabe der Umsatzsteuer-Voranmeldung für den Monat Februar 03 und die Zahlung für den Monat Februar 03 bis zum 10. April 03 hinausschieben.

Die Umsatzsteuer-Voranmeldung und Zahlung für den Monat März 03 wäre dann mit Dauerfristverlängerung bspw. also erst am 10. Mai 03 fällig. Dies gilt entsprechend auch für die übrigen Monate des Kalenderjahres 03.

Durch die Dauerfristverlängerung verschiebt sich der Abgabezeitpunkt der Umsatzsteuer-Voranmeldung sowie der Zahlungszeitpunkt um einen Monat.

Die Fristverlängerung wird bei Steuerpflichtigen, die die Umsatzsteuer-Voranmeldungen **monatlich** abgeben müssen, nur gegen Zahlung einer **Sondervorauszahlung** gewährt. Sie beträgt 1/11 von der Summe der Vorauszahlungen des vorangegangenen Kalenderjahrs (§ 47 UStDV). Die Sondervorauszahlung wird im Rahmen **der Umsatzsteuerjahreserklärung** dann wie eine (weitere) Vorauszahlung mit der Umsatzsteuerschuld verrechnet.

Der Unternehmer hat nach § 18 Abs. 3 UStG für jedes Kalenderjahr eine **Umsatzsteuerjahreserklärung** auf amtlich vorgeschriebenem Vordruck abzugeben, in der er die zu entrichtende Steuer bzw. den Überschuss, der sich zu seinen Gunsten ergibt, selbst zu berechnen hat. Die (Voraus-) Zahlungen auf Grund der Umsatzsteuer-Voranmeldungen werden auf die/den Jahresumsatzsteuerschuld /-überschuss angerechnet. Ergibt sich hierbei ein Unterschiedsbetrag zu Gunsten des Finanzamtes, so ist dieser **innerhalb eines Monats nach Abgabe der Umsatzsteuerjahreserklärung beim Finanzamt ohne weitere Aufforderung zur Zahlung fällig** (§ 18 Abs. 4 UStG). Ergibt sich hingegen ein Unterschiedsbetrag zu Gunsten des Unternehmers (Umsatzsteuererstattungsanspruch), so wird dieser an ihn zurückgezahlt.

Die jährlich durch den Unternehmer beim Finanzamt einzureichende Jahresumsatzsteuerer-klärung ist grundsätzlich bis spätestens 31.05. des Folgejahres abzugeben (§ 149 Abs. 2 AO).

Sofern der Steuerpflichtige nicht innerhalb der jeweiligen Abgabefrist die laufende Umsatz-steuer-Voranmeldung bzw. die Umsatzsteuerjahreserklärung bei dem für ihn zuständigen Fi-nanzamt (Betriebsstättenfinanzamt, § 21 AO) abgibt, kann die Finanzbehörde Verspätungs-zuschläge (§ 154 AO) festsetzen. Sofern das Ende der Abgabefrist auf einen Samstag, Sonn-tag oder gesetzlichen Feiertag fällt, endet die Frist jedoch erst mit Ablauf des nächstfolgen-den Werktags (§ 108 Abs. 3 AO). Gleiches gilt hinsichtlich der Zahlungsfrist, so dass bei nicht fristgerechter Zahlung Säumniszuschläge (§ 240 AO) entstehen.

Wie zuvor ausgeführt, hat der Unternehmer bei der Umsatzsteuer-Voranmeldung/ Umsatz-steuerjahreserklärung die von anderen Unternehmern in Rechnung gestellte Umsatzsteuer als Vorsteuer von der (eigenen) Umsatzsteuer abzuziehen. Dieser Vorsteuerabzug ist an be-stimmte Voraussetzungen geknüpft, die im folgenden Gliederungspunkt dargestellt werden.

Fragen und Lösungen

1. Bis zu welchem Zeitpunkt hat der umsatzsteuerliche Unternehmer seine laufenden Um-satzsteuer-Voranmeldungen elektronisch zu übermitteln?
   Sofern der Unternehmer *keine* Dauerfristverlängerung in Anspruch nimmt, hat er bis zum zehnten Tag nach Ablauf des jeweiligen Umsatzsteuer-Voranmeldungszeitraumes seine Umsatzsteuer-Voranmeldung für diesen Zeitraum elektronisch zu übermitteln.
   Sofern der umsatzsteuerliche Unternehmer eine Dauerfristverlängerung in Anspruch ge-nommen hat, verlängert sich die Übermittlungsfrist um einen Monat. Damit sind die lau-fenden Umsatzsteuer-Voranmeldungen jeweils bis zum 10. des übernächsten Folgemo-nats zu übermitteln.

2. Bis zu welchem Datum ist die Umsatzsteuer-Voranmeldung zu übermitteln?
   - Umsatzsteuer-Voranmeldung Januar 01 ohne Dauerfristverlängerung:
     Abgabefrist: 10.02.01
   - Umsatzsteuer-Voranmeldung Januar 01 mit Dauerfristverlängerung:
     Abgabefrist: 10.03.01
   - Umsatzsteuer-Voranmeldung Dezember 01 ohne Dauerfristverlängerung:
     Abgabefrist: 10.01.02
   - Umsatzsteuer-Voranmeldung Dezember 01 mit Dauerfristverlängerung:
     Abgabefrist: 10.02.02
   - Umsatzsteuer-Voranmeldung I. Quartal 01 ohne Dauerfristverlängerung:
     Abgabefrist: 10.04.01
   - Umsatzsteuer-Voranmeldung I. Quartal 01 mit Dauerfristverlängerung:
     Abgabefrist: 10.05.01
   - Umsatzsteuer-Voranmeldung IV. Quartal 01 ohne Dauerfristverlängerung:
     Abgabefrist: 10.01.02
   - Umsatzsteuer-Voranmeldung IV. Quartal 01 mit Dauerfristverlängerung:
     Abgabefrist: 10.02.02

3. Skizzieren Sie kurz, was in den laufenden Umsatzsteuer-Voranmeldungen den Finanzbehörden übermittelt wird!

   In den laufenden Umsatzsteuer-Voranmeldungen teilt der Unternehmer den Finanzbehörden die Höhe seiner steuerpflichtigen Umsätze und die darauf entfallenden Umsatzsteuerbeträge unter Abzug der angefallenen Vorsteuern aus seinen Eingangsrechnungen mit. Der gezogene Saldo zwischen der Umsatzsteuer und der Vorsteuer führt idR. zu einer Verbindlichkeit (*Zahllast*) oder zu einer Forderung (*Vorsteuerüberhang*) gegenüber dem Finanzamt.

4. Erläutern Sie den Begriff *Zahllast*!

   Wenn die Umsatzsteuerbeträge der ausgeführten bzw. vereinnahmten Umsätze betraglich *höher* sind als die Vorsteuerbeträge aus den Eingangsrechnungen der Unternehmung, ergibt sich als Saldo die Zahllast. Der Betrag der Zahllast ist an die Finanzbehörde abzuführen.

5. Erläutern Sie den Begriff *Vorsteuerüberhang*!

   Sofern die Umsatzsteuerbeträge der ausgeführten bzw. vereinnahmten Umsätze betraglich *kleiner* sind als die Vorsteuerbeträge aus den Eingangsrechnungen der Unternehmung, ergibt sich als Saldo der Vorsteuerüberhang. Er stellt einen Erstattungsanspruch der Unternehmung gegenüber den Finanzbehörden dar.

6. Unter welchen Umständen kann in der betrieblichen Praxis ein *Vorsteuerüberhang* entstehen?

   Ein Vorsteuerüberhang ist in der betrieblichen Praxis regelmäßig bei größeren Investitionstätigkeiten der Unternehmung, bei Neugründungen einer Unternehmung oder bei (erheblichen) Umsatzrückgängen zu beobachten. In diesen Situationen ist dann der Vorsteuerbetrag aus den einzelnen Eingangsrechnungen betraglich höher als die entstandene Umsatzsteuer aus den getätigten Absatzgeschäften bzw. der Aufwand größer als der Ertrag.

7. Wozu berechtigt eine *Dauerfristverlängerung*?

   Eine gewährte Dauerfristverlängerung ermächtigt den umsatzsteuerlichen Unternehmer zur Inanspruchnahme von zwei Begünstigungen:
   - Abgabe der laufenden Umsatzsteuer-Voranmeldungen jeweils bis zum 10. des übernächsten Folgemonats, statt Abgabe bis zum 10. des Folgemonats.
   - Sofern sich eine Zahllast ergibt, Ausgleich dieser bei den Finanamt ebenfalls bis zum 10. des übernächsten Folgemonats, statt bis zum 10. des Folgemonats.

8. Was ist eine *Sondervorauszahlung* (auch ein *1/11* genannt) und wozu dient sie?

   Damit der Unternehmer eine Dauerfristverlängerung durch die Finanzbehörde gewährt bekommt, muss er, sofern er *monatlicher* Umsatzsteuervoranmelder ist, eine Sondervorauszahlung an die Finanzkasse leisten. Sie beträgt ein 1/11 der Summe der Vorauszahlungen des vorhergehenden Kalenderjahres. Diese vom Unternehmer an die Finanzkasse gezahlte Sondervorauszahlung wird ihm in der letzten laufenden Umsatzsteuer-Voranmeldung des entsprechenden Kalenderjahres wieder angerechnet (gutgeschrieben). Insofern handelt es sich bei der Sondervorauszahlung um eine zinslose Geldhinterlegung bei der Finanzbehörde, wodurch der Zinsvorteil der jeweils um einen Monat hinausgeschobenen Zahlungen der Zahllasten ausgeglichen werden soll.

14   Vorsteuerabzug

Der Unternehmer hat für sein Unternehmen (Vor-)Leistungen (Lieferungen oder sonstige Leistungen) bezogen und dafür in der Regel Umsatzsteuer in Rechnung gestellt bekommen. Bei der Ermittlung der Umsatzsteuerschuld kann der Unternehmer nun die ihm in Rechnung gestellte Umsatzsteuer grundsätzlich als **Vorsteuer** abziehen (§ 15 Abs. 1 UStG).

Beispiel:

Der Fleischermeister Hermann Haarmann tätigt in seiner Metzgerei in Köln ausschließlich steuerpflichtige Umsätze durch den Ladenverkauf seiner Wurst- und Fleischwaren. Die dafür erforderlichen Schweine- und Rinderhälften bezieht er vom örtlichen Schlachthof.

In 03 erzielte Haarmann Umsatzerlöse aus dem Verkauf iHv. netto € 100.000. Die Umsätze unterliegen dem ermäßigten USt-Satz iHv. 7%. Damit ergibt sich eine Umsatzsteuerschuld iHv. € 7.000.

Im Kalenderjahr 03 sind insgesamt € 2.000 Vorsteuerbeträge aus den verschiedenen Eingangsrechnungen (bspw. Schlachthof) angefallen. Die Voraussetzungen zum Abzug der Vorsteuer nach § 15 Abs. 1 UStG sind erfüllt. Damit muss der Fleischermeister (nur noch) € 5.000 (€ 7.000 - € 2.000) verbleibende Umsatzsteuer als Zahllast an das Finanzamt abführen.

Durch den Vorsteuerabzug wird erreicht, dass der Unternehmer von der Umsatzsteuer auf erhaltene Vorleistungen entlastet wird. Hierdurch wird gewährleistet, dass grundsätzlich nur die vom jeweiligen Unternehmer erzielte **Wertschöpfung** der Umsatzsteuer unterliegt (deshalb *Mehrwert*steuer). Eine kumulative Belastung der Umsätze mit Umsatzsteuer im Unternehmensbereich wird dadurch vermieden. Dieses System wird **Allphasen-Nettoumsatzsteuer-System** genannt. Die endgültige Belastung tritt folglich erst beim **Endverbraucher** ein, der nicht zum Vorsteuerabzug berechtigt ist. Nachstehende Abbildung zeigt diesen Sachverhalt grafisch:

Wirt-schafts-stufe bzw. Phase	Rechnungsbetrag EUR	USt (Traglast) EUR	Vorsteuer-abzug EUR	Umsatz-steuer-schuld (Zahllast) EUR	Wert-schöpfung = Mehrwert EUR
A Ur-erzeuger	Nettopreis 100,-- + 19 % USt 19,-- = Verkaufspreis 119,--	19,--	--	**19,--**	100,--
B Weiter-ver-arbeiter	Nettopreis 250,-- + 19 % USt 47,50 = Verkaufspreis 297,50	47,50	19,--	**28,50**	150,--
C Groß-händler	Nettopreis 320,-- + 19 % USt 60,80 = Verkaufspreis 380,80	60,80	47,50	**13,30**	70,--
D Einzel-händler	Nettopreis 400,-- + 19 % USt 76,-- = Verkaufspreis 476,--	**76,--**	60,80	**15,20**	80,--

Die Summe der Umsatzsteuerschulden aller Wirtschaftsstufen beträgt ⇒ **76,--**

Sie stimmt mit der USt überein, die im Verkaufspreis der letzten Stufe enthalten ist.

Abb. 14.1: Vorsteuer und Umsatzsteuer bei den einzelnen Wirtschaftsstufen
Quelle: Bornhofen, Manfred: Steuerlehre 1 Veranlagung 2002, 23. Auflage, Wiesbaden 2002, S. 139

Der Verkaufspreis des Einzelhändlers iHv. € 476,-- (vgl. Abbildung) stellt den Kaufpreis für den Endverbraucher dar. Er trägt damit wirtschaftlich auch die Umsatzsteuer iHv. € 76,--, da er nicht zum Vorsteuerabzug berechtigt ist, wie nachfolgend erläutert wird.

Die vorstehende Abbildung macht auch noch mal folgende drei Sachverhalte zusammenfassend deutlich:
- Allphasensteuer
  Es werden alle Wirtschaftsstufen (Handels-, Produktions- oder Vertriebsstufen) innerhalb einer Leistungskette besteuert.
- Mehrwertsteuer
  Der Vorsteuerabzug führt zur ausschließlichen Umsatzbesteuerung des auf der einzelnen Wirtschaftsstufe geschaffenen Netto-„Mehrwertes".
- Grundsatz der Umsatzsteuerneutralität beim jeweiligen Unternehmen
  Obwohl jede Wirtschaftsstufe besteuert wird, werden die beteiligten Unternehmen wirtschaftlich mit der Umsatzsteuer nicht belastet, weil der Vorsteuerabzug eine vollständige Entlastung von der gezahlten Umsatzsteuer (Vorsteuer) sichert. Hierdurch wird aber zugleich die Umsatzbesteuerung beim Endverbraucher sichergestellt, losgelöst von der Anzahl der Handels-, Produktions- oder Vertriebsstufen in der unternehmerischen Leistungskette.

14.1 Wer darf Vorsteuer geltend machen?

Der Vorsteuerabzug wird durch § 15 UStG geregelt. Danach hängt der Vorsteuerabzug von der Erfüllung persönlicher und sachlicher Voraussetzungen ab:

- **Persönliche Voraussetzung**

  Zum Vorsteuerabzug berechtigt sind nur umsatzsteuerliche Unternehmer nach §§ 2 bzw. 2a UStG.

  Ob der Leistungsempfänger Unternehmer ist, entscheidet sich ausschließlich nach dem deutschen Umsatzsteuergesetz, wobei es bedeutungslos ist, ob der Unternehmer im Inland seinen Sitz oder seine Betriebsstätte hat. Damit ist der Vorsteuerabzug auch für Unternehmer zulässig, die außerhalb des Inlandes ansässig sind; maßgeblich ist allein die Unternehmereigenschaft (Abschnitt 191 UStR).

- **Sachliche Voraussetzungen**

  Es muss eine **Rechnung** vorliegen, die sämtliche geforderten Angaben des §§ 14 bzw. 14a UStG oder §§ 33 bzw. 34 UStDV enthält.

  Die Rechnung kann auch ein Miet-, Pacht-, Wartungs- oder sonstiger Vertrag sein (UStR 183 Abs. 2 S. 1). Bedingung ist, dass die in einem Vertrag gesondert in Rechnung gestellte Umsatzsteuer – wie in jeder anderen Rechnung auch – eindeutig bestimmt sein muss (UStR 183 Abs. 2 S. 4).

  Sollte bei einer Rechnung der Umsatzsteuerbetrag irrtümlich zu hoch ausgewiesen sein, kann der Leistungsempfänger immer nur „… die gesetzlich geschuldete Steuer …" als Vorsteuer geltend machen (§ 15 Abs. 1 Nr. 1 UStG) – nicht den irrtümlich zu hoch ausgewiesenen Steuerbetrag, auch wenn er ihn bezahlt.

  Ist hingegen der Steuerbetrag irrtümlich zu niedrig ausgewiesen, darf der Leistungsempfänger nur den in der Rechnung ausgewiesenen Steuerbetrag als Vorsteuer geltend machen; nicht die gesetzlich (eigentlich) geschuldete Steuer (Abschnitt 190c Abs. 8 Beispiel S. 2 UStR).

- Es muss eine Leistung von einem anderen **Unternehmer an das Unternehmen des Leistungsempfängers** ausgeführt sein, d.h. die erhaltene Leistung ist **seinem Unternehmen** zuzuordnen.

Leistungsempfänger ist derjenige, der aus dem schuldrechtlichen Vertrag einerseits Anspruch auf die Leistung hat und andererseits zur Bezahlung verpflichtet ist (Abschnitt 192 Abs. 16 UStR).

Bei der Zuordnung der Leistung zum Unternehmen des Leistungsempfängers muss zunächst die zutreffende Angabe über **Art und Umfang der bezogenen Leistung** in der Rechnung dokumentiert werden. Ferner muss eine objektive Verwendung für das Unternehmen vorliegen und auch **tatsächlich** durchgeführt werden.

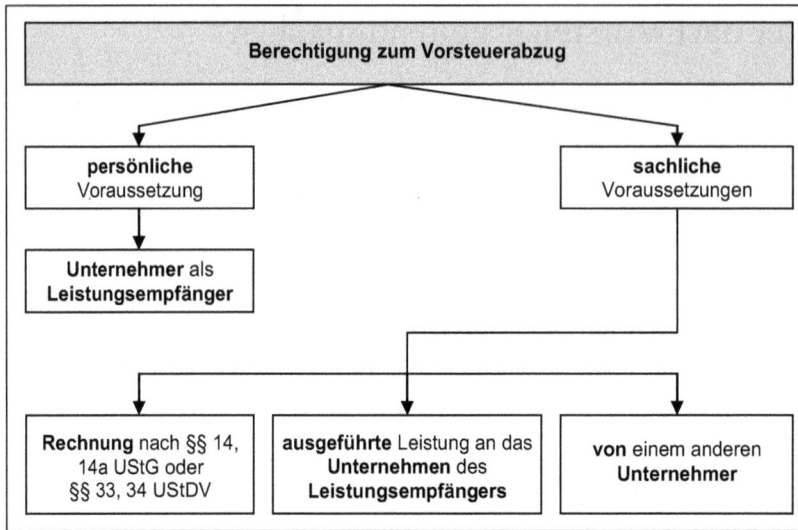

Abb. 14.2: Die Voraussetzungen des Vorsteuerabzugs

14.2   Zeitpunkt des Vorsteuerabzugs

Der Abzug der Vorsteuer ist in dem Voranmeldungszeitraum vorzunehmen,
- in dem die **Rechnung** mit dem gesonderten Steuerausweis vorliegt **und**
- die Leistung für das Unternehmen **ausgeführt wurde** (§ 15 Abs. 1 Nr. 1 S. 1 iVm. § 16 Abs. 2 UStG).

Abweichend hiervon können bei **Anzahlungen** – die Umsätze wurden also noch nicht ausgeführt, d.h., die Lieferung oder sonstige Leistung ist noch nicht erbracht – die darauf entfallenden Vorsteuerbeträge schon abgezogen werden, wenn die **Rechnung** vorliegt und die **Zahlung geleistet** worden ist (§ 15 Abs. 1 Nr. 1 S. 3 UStG).

14.3 Ausschluss des Vorsteuerabzugs (Ausschlussumsätze)

Der Vorsteuerabzug kann eingeschränkt bzw. völlig ausgeschlossen sein. Dies hängt von folgenden Faktoren ab, die anschließend unter den folgenden drei Gliederungspunkten erläutert werden:

- Die Art der **Nutzung** des Wirtschaftsgutes (unternehmerisch/ nicht-unternehmerisch).
- Wofür die Betriebsausgabe geleistet wurde **(Aufwandsart)**.
- Die Art des ausgeführten **Umsatzes**.

14.3.1 Nutzungsartbedingter Ausschluss vom Vorsteuerabzug

Eine Lieferung, Einfuhr oder der innergemeinschaftliche Erwerb eines Gegenstandes **gilt nicht** als für das Unternehmen ausgeführt, wenn der Unternehmer ihn zu **weniger als 10% für sein Unternehmen nutzt** (§ 15 Abs. 1 S. 2 UStG). Die Konsequenz hieraus ist, dass der Unternehmer die gezahlte Umsatzsteuer **nicht** als Vorsteuer geltend machen darf.

Bei beabsichtigter **ausschließlicher außer-unternehmerischer** Verwendung liegt auch beim Erwerb branchentypischer Gegenstände kein Erwerb für das Unternehmen vor.

Werden Leistungen sowohl für das Unternehmen, als auch für den außer-unternehmerischen Bereich bezogen, liegen **gemischt genutzte Gegenstände** vor, bei denen der Unternehmer ein Zuordnungswahlrecht besitzt (vgl. im Einzelnen die Regelungen des Abschnitts 192 Abs. 21 UStR). Sofern der Unternehmer den Gegenstand dem Unternehmen zuordnet, kann in vollem Umfang die Umsatzsteuer als Vorsteuer geltend gemacht werden. Eine Verwendung des Gegenstandes für unternehmensfremde Zwecke unterliegt dann zum Ausgleich aber der Umsatzsteuer (unentgeltliche Wertabgabe; § 3 Abs. 9a Satz 1 Nr. 1 UStG).

Ordnet hingegen der Unternehmer den Gegenstand nicht dem Unternehmen zu, so können Vorsteuern nur abgezogen werden, die **unmittelbar** durch die unternehmerische Verwendung anfallen, z.B. die Umsatzsteuer bei dem Bezug von Kraftstoff anlässlich einer betrieblichen Fahrt mit einem privaten Kraftfahrzeug.

Die Zuordnungsentscheidung des Unternehmers drückt der Unternehmer regelmäßig mit der Inanspruchnahme des Vorsteuerabzugs aus.

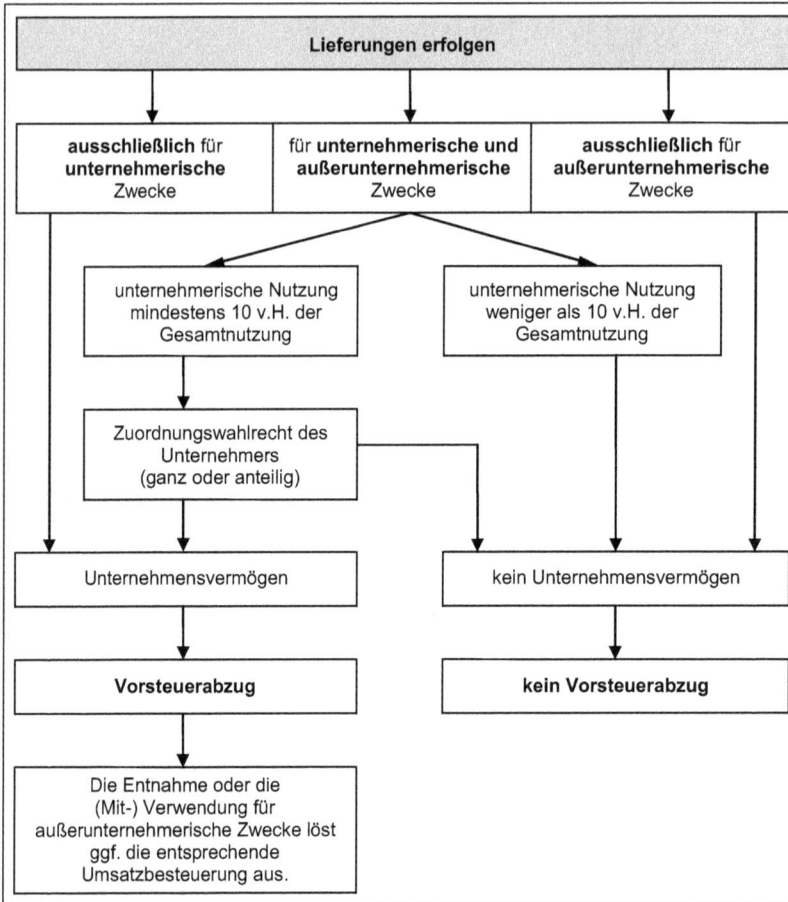

Abb. 14.3: Die Verwendung von Lieferungen und ihr Vorsteuerabzug nach Abschnitt 192 Abs. 21 UStR

14.3.2 Aufwandsartbedingter Ausschluss vom Vorsteuerabzug

Vorsteuerbeträge, die auf die nicht abziehbaren Betriebsausgaben des § 4 Abs. 5 S. 1 Nr. 1, Nr. 3, Nr. 4 und Nr. 7 oder des § 12 Nr. 1 EStG entfallen (§ 15 Abs. 1a Nr. 1 UStG) sind in **vollem Umfang** nicht abziehbar. Im Einzelnen handelt es sich um folgende Aufwandsarten:

- Aufwendungen für Geschenke[18]
- Aufwendungen für auswärtige Gästehäuser

---

[18] Nach § 4 Abs. 5 Nr. 1 EStG dürfen Betriebsausgaben für Geschenke an Personen, die *nicht Arbeitnehmer* des Steuerpflichtigen sind, den steuerlichen Gewinn nicht mindern. Ausgenommen hiervon sind Geschenke, deren Anschaffungs- oder Herstellungskosten insgesamt € 35 pro Wirtschaftsjahr und Empfänger nicht übersteigen. Sofern der Betrag von € 35 jedoch überschritten wird, entfällt der gesamte Betriebsausgabenabzug und mit ihm der Vorsteuerabzug.

- Aufwendungen für Jagd, Fischerei, Segel- und Motorjachten
- unangemessene Aufwendungen für die Lebensführung
- Kosten der privaten Haushaltsführung einschließlich der Versorgung der Angehörigen

Bei **Bewirtungsaufwendungen** nach § 4 Abs. 5 S. 1 Nr. 2 EStG ist der „volle" Vorsteuerabzug aus den gesamten Bewirtungsaufwendungen zulässig (§ 15 Abs. 1a S. 2 UStG) und nicht nur aus den 70% der Bewirtungsaufwendungen, die als Betriebsausgabe im Rahmen der ertragsteuerlichen Gewinnermittlung abzugsfähig sind.

Beispiele zu Aufwendungen für Geschenke:

Ein Unternehmer aus Kassel erwirbt für betriebliche Zwecke folgende Gegenstände:

- Einen Blumenstrauß für einen langjährigen Arbeitnehmer aus Anlass seiner Silberhochzeit zum Bruttopreis (einschl. 7% Umsatzsteuer) iHv. € 28,85.
- Ein Sachgeschenk für einen inländischen Geschäftsfreund zum Bruttopreis (einschl. 19% Umsatzsteuer) iHv. € 41.
- Ein Sachgeschenk für einen ausländischen Geschäftsfreund zum Bruttopreis (einschl. 19% Umsatzsteuer) iHv. € 142,80.

Beurteilen Sie die einzelnen Vorgänge im Hinblick auf die Möglichkeit des Vorsteuerabzugs.

Lösung:

Die betrieblichen Geschenkaufwendungen sind umsatzsteuerlich wie folgt zu beurteilen:

- Der aus Anlass eines persönlichen Ereignisses dem Arbeitnehmer übergebene Blumenstrauß ist umsatz- und lohnsteuerlich als Aufmerksamkeit zu qualifizieren (vgl. Abschnitt 12 Abs. 3 UStR; R 73 Abs. 1 LStR). Für diese einkommensteuerlich in voller Höhe abzugsfähigen Aufwendungen kommt die Sonderregelung des § 15 Abs. 1a Nr. 1 UStG nicht zur Anwendung, weil der Arbeitnehmer ausdrücklich von der Regelung des § 4 Abs. 5 Nr. 1 EStG ausgenommen ist. Insoweit ist der Vorsteuerabzug uneingeschränkt möglich.
- Der Nettopreis für das Sachgeschenk an den inländischen Geschäftsfreund beträgt € 34,46 (= 41/1,19). Die für Geschenke bestehende einkommensteuerliche Freigrenze wird nicht überschritten (§ 4 Abs. 5 Nr. 1 S. 2 EStG). Folglich handelt es sich bei dem Geschenk um eine abzugsfähige Betriebsausgabe. Hierfür besteht – bei Vorliegen der übrigen Voraussetzungen – die Berechtigung zum vollen Vorsteuerabzug.
- Für das Sachgeschenk an den ausländischen Geschäftsfreund sind netto € 120 (= 142,80/1,19) aufgewendet worden. Dieser Wert liegt nach § 4 Abs. 5 Nr. 1 S. 2 EStG über der Geringfügigkeitsgrenze für Geschenke. Folglich handelt es sich um eine nicht abziehbare Betriebsausgabe. In diesen Fällen scheidet der Vorsteuerabzug vollständig aus (§ 15 Abs. 1a UStG). Dass es sich bei dem Fall um einen ausländischen Geschäftsfreund handelt, ist unerheblich.

Beispiele zu Aufwendungen für auswärtige Gästehäuser:

Ein Industriebetrieb mit ausschließlich steuerpflichtigen Umsätzen besitzt ein Gästehaus außerhalb des Ortes seiner Betriebsstätte. Das Gästehaus steht den Arbeitnehmern nicht zur Verfügung.

Fall 1: Der Industriebetrieb kauft neue Einrichtungsgegenstände für das Gästehaus. Sind die darauf entfallenden Umsatzsteuerbeträge als Vorsteuer abzugsfähig?

Fall 2: Der Industriebetrieb veräußert Einrichtungsgegenstände des Gästehauses. Ist hierauf Umsatzsteuer zu erheben?

Lösung:

Fall 1:

Die Aufwendungen für das Gästehaus sind nach § 4 Abs. 5 Nr. 3 EStG bei der Gewinnermittlung nicht als Betriebsausgabe abziehbar, weil sich das Gästehaus nicht am Ort des Betriebs befindet. Folglich sind auch die Vorsteuerbeträge, die auf die neuen Einrichtungsgegenstände entfallen, nach § 15 Abs. 1a Nr. 1 UStG vom Abzug ausgeschlossen.

Fall 2:

Da der Vorsteuerabzug nach § 15 Abs. 1a Nr. 1 UStG, wie zuvor ausgeführt, ausgeschlossen ist, sind im Umkehrschluss nunmehr auch Lieferungen (§ 3 Abs. 1 UStG) – hier der Verkauf der Einrichtungsgegenstände als Hilfsgeschäft – nach § 4 Nr. 28 UStG umsatzsteuerfrei.

14.3.3   Umsatzartbedingter Ausschluss vom Vorsteuerabzug

Grundsätzlich soll der Vorsteuerabzug nur Unternehmern zustehen, die auch steuerpflichtige Umsätze leisten, wodurch eine **Wechselbeziehung** zwischen den Eingangs- und den Ausgangsumsätzen besteht.

Sofern der Unternehmer aber Umsätze ausführt, die **umsatzsteuerfrei** sind, wird im Umkehrschluss grundsätzlich auch der **Vorsteuerabzug** versagt. Dies bedeutet, dass Lieferungen oder sonstige Leistungen, die zur Ausführung bestimmter steuerfreier Umsätze verwendet werden, auch keinen Vorsteuerabzug ermöglichen (Ausnahmen siehe Gliederungspunkt 14.4). Insofern kann der Unternehmer die Vorsteuer (Umsatzsteuer) aus seinen Eingangsumsätzen, die mit den steuerbefreiten Umsätzen in wirtschaftlichem Zusammenhang stehen, nicht gegenüber dem Finanzamt geltend machen (**Ausschlussumsätze**; § 15 Abs. 2 UStG).[19]

---

[19]   Der Vorsteuerabzug ist gegebenenfalls über eine Option gemäß § 9 UStG möglich.

Bei folgenden steuerfreien Umsätzen ist der Vorsteuerabzug ausgeschlossen:
- Umsätze nach § 4 Nr. 8-28 UStG, sofern nicht auf die Steuerbefreiung wirksam verzichtet wurde (§ 9 UStG).

- Umsätze im Ausland (nicht steuerbare Umsätze), die steuerfrei wären, wenn sie im Inland ausgeführt würden (§ 15 Abs. 2 Nr. 2 iVm. § 15 Abs. 3 Nr. 2a UStG).

Weitergehend soll auf die vorgestellten Regelungen an dieser Stelle nicht eingegangen werden. Dennoch seien beispielhaft einige steuerfreie Umsätze, die keinen Vorsteuerabzug zulassen, aufgeführt:
- **Umsätze des Geld- / Kapitalverkehrs (§ 4 Nr. 8a-i UStG)**
  Hierunter fallen die typischen Bankgeschäfte wie Kreditgewährungen und deren Vermittlungen, Wertpapiergeschäfte, Zahlungs- und Überweisungsverkehr usw.

- **Umsätze, die unter spezielle Verkehrssteuersätze fallen,** wie beispielsweise Grunderwerbsteuergesetz (§ 4 Nr. 9a UStG), Rennwett- und Lotteriegesetz (§ 4 Nr. 9b UStG) oder das Versicherungssteuergesetz (§ 4 Nr. 10 UStG).

- **Umsätze aus der Vermietung und der Verpachtung von Grundstücken**
  Nicht umsatzsteuerbefreit ist jedoch die Vermietung von Wohn- und Schlafräumen, die ein Unternehmer zur kurzfristigen Beherbergung von Fremden bereithält, sowie die Vermietung von Plätzen für das Abstellen von Fahrzeugen. Die Beherbung setzt kein gaststättenähnliches Verhältnis voraus. Entscheidend ist vielmehr die Absicht des Unternehmers, die Räume nicht auf Dauer und damit nicht für einen dauernden Aufenthalt im Sinne der §§ 8 und 9 AO zur Verfügung zu stellen (Abschnitt 84 Abs. 1 UStR).

- **Umsätze aus der Vermietung und Verpachtung von Maschinen und sonstigen Vorrichtungen aller Art, die zu einer Betriebsanlage gehören (Betriebsvorrichtungen).**

- **Umsätze aus der Tätigkeit als Arzt, Zahnarzt oder aus anderen heilberuflichen Tätigkeiten (§ 4 Nr. 14-17 UStG).**
  Mit diesen Befreiungstatbeständen sollen Patienten aus sozialen Gründen entlastet werden.

Sofern der Unternehmer empfangene Leistungen oder erhaltene Gegenstände für die Ausführung von Umsätzen verwendet, die sowohl zum **Vorsteuerabzug** berechtigen, als auch für **(steuerfreie)** Umsätze, die zum Ausschluss vom Vorsteuerabzug führen, so sind die **angefallenen Vorsteuern** in abziehbare und nicht abziehbare aufzuteilen (§ 15 Abs. 4 UStG).

Die Aufteilung ist nach der Kostenzurechnung oder nach der wirtschaftlichen Nutzung vorzunehmen. Die betriebliche Kostenrechnung oder die Aufwands- und Ertragsrechnung sind hierfür in der Regel geeignete Unterlagen. Bei Gebäuden ist die Vorsteuer regelmäßig nach dem Verhältnis der tatsächlichen Nutzflächen aufzuteilen. Nach § 15 Abs. 4 S. 2 UStG kann der Unternehmer auch das Mittel der Schätzung einsetzen, wobei dies sachgerecht erfolgen muss.

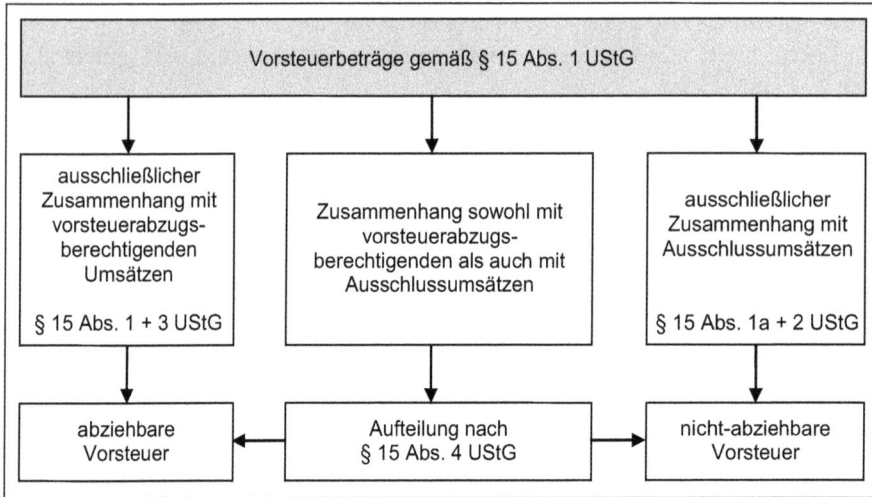

Abb. 14.4: Die Abzugsfähigkeit der Vorsteuerbeträge

14.4   Umsatzsteuerbefreiungen mit Vorsteuerabzug (Abzugsumsätze)

Die Umsatzsteuerbefreiungen auf Umsätze, die unter § 4 Nr. 1-7 UStG fallen, stellen „echte" Befreiungen von der Umsatzsteuer dar, weil sie dem Unternehmer noch den Abzug der Vorsteuer ermöglichen (**Abzugsumsätze**; § 15 Abs. 2 iVm. Abs. 3 UStG).

Die Umsatzsteuerbefreiung bewirkt, dass der gesamte Umsatz bis zum Endverbraucher nicht mit Umsatzsteuer belastet ist.

Unter die genannten Befreiungstatbestände des § 4 Nr. 1-7 UStG fallen beispielsweise
- die Ausfuhrlieferungen (§ 4 Nr. 1a iVm. § 6 UStG),
- die Lohnveredelung an Gegenständen der Ausfuhr (§ 4 Nr. 1a iVm. § 7 UStG) oder
- die innergemeinschaftlichen Lieferungen (§ 4 Nr. 1b iVm. § 6a UStG).

14.5   Die ertragsteuerliche Behandlung von nicht abziehbaren Vorsteuern

Die nicht abziehbaren Vorsteuern sind ertragsteuerlich wie die ihnen zugrunde liegenden Leistungen zu behandeln:

* Bei zu aktivierenden Wirtschaftsgütern gehen sie in die Anschaffungs- oder Herstellungskosten mit ein (§ 9b EStG). Auf den unternehmerischen Erfolg wirken sie sich dann mindernd in Form der Abschreibungen aus, sofern die Wirtschaftsgüter abgeschrieben werden.
* Sofern keine Aktivierung erfolgt, werden die nicht abziehbaren Vorsteuern ebenso wie die betreffenden Leistungen sofort im Jahr ihres Anfalls in voller Höhe als Aufwand erfolgswirksam berücksichtigt.

Fragen und Lösungen

1. Was wird durch den Vorsteuerabzug auf der unternehmerischen Ebene erreicht?
   Der Vorsteuerabzug sorgt dafür, dass die Unternehmer der einzelnen Wertschöpfungsstufen – egal wieviel davon in der Leistungs- bzw. Produktionskette bis zum Endverbraucher enthalten sind – nicht mit Umsatzsteuer (Vorsteuer) belastet sind. Die Umsatzsteuer/ Vorsteuer stellt sich für den unternehmerischen Bereich hinsichtlich ihrer Wirkung *wie* ein durchlaufender Posten dar und hat keinen Einfluss auf die Höhe des erzielten Erfolges in Form des Gewinnes oder Verlustes der Unternehmung. Hinweis: Vom rechtlichen Status her, handelt es sich bei der Umsatzsteuer/ Vorsteuer um keinen durchlaufenden Posten, da sie nicht in fremdem Namen und auf fremde Rechnung vereinnahmt bzw. verausgabt wird; vgl. § 10 Abs. 1 S. 6 UStG.

2. Erläutern Sie den Begriff *Allphasen-Nettoumsatzsteuer-System*!
   Allphasen-Nettoumsatzsteuer-System bedeutet, dass „lediglich" die Wertschöpfung des jeweiligen Unternehmers der Umsatzbesteuerung unterliegt. Dies wird erreicht, indem neben die Umsatzbesteuerung der Vorsteuerabzug gestellt wird. Der Saldo aus Umsatzsteuer und Vorsteuer ergibt dann die *Netto-Umsatzsteuer*, die der jeweilige Unternehmer mit seiner Wertschöpfung erzielt hat. Da dieses Verfahren auf sämtlichen Wertschöpfungsstufen bei allen beteiligten Unternehmern erfolgt, wird dies *Allphasen* genannt.

3. Wer ist zum Vorsteuerabzug berechtigt?
   Der § 15 UStG nennt als Abzugsberechtigten den (umsatzsteuerlichen) Unternehmer. Er ist zum sachlichen Vorsteuerabzug berechtigt, wenn er die weiteren Voraussetzungen der Nr. 1 – 5 des Abs. 1 von § 15 UStG erfüllt. In der Praxis ist bei den inländischen Umsätzen die Nr. 1 relevant, weshalb ihre Voraussetzungen hier aufgeführt sind:
   Nach § 15 Abs. 1 Nr. 1 UStG ist der (umsatzsteuerliche) Unternehmer zum Vorsteuerabzug berechtigt, wenn er von einem anderen umsatzsteuerlichen Unternehmer eine Lieferung oder sonstige Leistung ausgeführt bekommen hat und er hierüber einer ausgestellte Rechnung nach §§ 14 bzw. 14a UStG oder §§ 33 bzw. 34 UStDV besitzt.

4. Ab welchem Zeitpunkt kann der Unternehmer die Vorsteuer gegenüber dem Finanzamt geltend machen?
   Der vorsteuerabzugsberechtigte Unternehmer kann die ihm in Rechnung gestellte Umsatzsteuer als Vorsteuer in dem Voranmeldungszeitraum geltend machen, sobald er die Rechnung mit dem gesonderten Steuerausweis vorliegen hat und die Leistung für sein Unternehmen ausgeführt wurde.

5. Bei welchen Geschäftsvorfällen bzw. in welchen Situationen darf der umsatzsteuerliche Unternehmer keinen Vorsteuerabzug aus seinen Eingangsrechnungen vornehmen?
   Das Umsatzsteuergesetz enthält drei Versagungsgründe beim Vorsteuerabzug:
   – Nutzungsbedingter Ausschluss
   – Aufwandsartbedingter Ausschluss
   – Umsatzartbedingter Ausschluss

   Der Vorsteuerabzug wird dem Unternehmer vollständig versagt, wenn er die an sein Unternehmen ausgeführte Leistung zu weniger als 10 Prozent für sein Unternehmen nutzt (nutzungsbedingter Ausschlusses).

   Der zweite Versagungsgrund für die Abzugsfähigkeit der Vorsteuer liegt immer dann vor, wenn die Vorsteuerbeträge auf nicht-abziehbare Betriebsausgaben entfallen, wie bspw. Aufwendungen für Geschenke, auswärtige Gästehäuser oder für Jagd, Fischerei, Segel- und Motorjachten (aufwandsartbedingter Ausschluss).

   Der umsatzartbedingte Vorsteuerausschluss ist grundsätzlich gegeben, wenn der Unternehmer seine bezogenen Eingangsleistungen, aus denen er die Vorsteuer ziehen möchte, für steuerfreie Ausgangsumsätze verwendet, wie bspw. bei einem Humanmediziner.

6. Bei welchen Geschäftsvorfällen bzw. in welchen Situationen darf der umsatzsteuerliche Unternehmer einen Vorsteuerabzug aus seinen Eingangsrechnungen grundsätzlich in voller Höhe vornehmen?
   Ein Vorsteuerabzug in voller Höhe ist grundsätzlich immer dann zulässig, wenn der Unternehmer die an sein Unternehmen ausgeführte Leistung mindestens zu 10% - im Verhältnis zur Gesamtnutzung – für sein Unternehmen verwendet (Hinweis: Eine Entnahme oder Mitverwendung für außerunternehmerische Zwecke löst dann die entsprechende Umsatzsteuerbesteuerung für unentgeltliche Wertabgaben aus).

15 Rechnungen

Durch § 14 Abs. 1 UStG wird der Begriff Rechnung definiert. Danach ist eine Rechnung jedes Dokument, mit dem ein Unternehmer oder in seinem Auftrag ein Dritter über eine Lieferung oder sonstige Leistung gegenüber dem Leistungsempfänger abrechnet, gleichgültig wie dieses Dokument im Geschäftsverkehr bezeichnet wird. Geschäftspapiere, die sich ausschließlich auf den Zahlungsverkehr beziehen (Mahnungen, Kontoauszüge), sind keine Rechnungen iSd. § 14 UStG. Zur Anerkennung von Verträgen als Rechnungen vgl. Abschnitt 183 Abs. 2 UStR.

Führt der Unternehmer Lieferungen oder sonstige Leistungen nach § 1 Abs. 1 Nr. 1 UStG aus, ist er berechtigt Rechnungen auszustellen (§ 14 Abs. 2 S. 1 UStG). Soweit er aber Umsätze an einen anderen Unternehmer für dessen Unternehmen oder an eine juristische Person, die nicht Unternehmer ist, ausführt, so ist er stets verpflichtet eine Rechnung zu erteilen (§ 14 Abs. 2 S. 2 UStG).

Insofern hat der vorsteuerabzugsberechtigte Unternehmer auch einen zivilrechtlichen Anspruch auf Erteilung einer (vollständigen und richtigen) Rechnung.

15.1 Pflichtangaben in einer Rechnung

Eine Rechnung muss folgende Angaben enthalten (§ 14 Abs. 4 UStG):
1. den vollständigen **Namen** und die vollständige **Anschrift** des leistenden Unternehmers und des Leistungsempfängers (UStR 185 Abs. 2),
2. der leistende Unternehmer hat in der Rechnung die ihm vom Finanzamt erteilte **Steuernummer** oder die vom Bundesamt für Finanzen erteilte **USt-Identifikationsnummer** (vgl. Gliederungspunkt 17) anzugeben[20] (UStR 185 Abs. 4),
3. das **Ausstellungsdatum** der Rechnung,
4. eine fortlaufende und einmalig vergebene **Rechnungsnummer** (UStR 185 Abs. 9),
5. die **Menge** und die **handelsübliche Bezeichnung** des Gegenstandes der Lieferung oder die **Art** und den **Umfang** der sonstigen Leistung (UStR 185 Abs. 14),

---

[20] Die Angabe der Steuernummer bzw. Identifikationsnummer soll gewährleisten, dass das Finanzamt des Leistungsempfängers die Besteuerung des abgerechneten Umsatzes überprüfen kann, ohne dass es zuvor eigene Ermittlungen zur Person des Leistenden und des für ihn zuständigen Finanzamtes vornehmen muss. Insofern zielt dies auf eine erleichterte und beschleunigte Überprüfung der Lieferketten ab.

6. den **Zeitpunkt** der Lieferung oder sonstigen Leistung (UStR 185 Abs. 15),

7. das nach Steuersätzen und einzelnen Steuerbefreiungen aufgeschlüsselte **Entgelt** für die Lieferung oder sonstigen Leistung (UStR 185 Abs. 17) und

8. den auf das Entgelt (Nr. 7) entfallenden **Steuerbetrag**, aufgeschlüsselt nach den anzuwendenden **Steuersätzen** oder im Fall einer Steuerbefreiung einen **Hinweis auf die Steuerbefreiung** (UStR 185 Abs. 19).

9. Besonderer Fall: Sofern der Unternehmer eine Werklieferung oder sonstige Leistung im Zusammenhang mit einem **Grundstück** ausführt, hat der Unternehmer den **Leistungsempfänger** in der Rechnung darauf hinzuweisen, dass er die erhaltene Rechnung[21] zwei Jahre aufzubewahren hat, sofern er kein Unternehmer ist oder die Leistung für den nichtunternehmerischen Bereich verwendet (UStR 185 Abs. 23).[22]

Bei **Kleinbetragsrechnungen**, das sind Rechnungen deren Gesamtbetrag inkl. Umsatzsteuer € 150 jeweils nicht übersteigen, müssen mindestens folgende Angaben enthalten sein (§ 33 UStDV):

1. der vollständige **Name** und die vollständige **Anschrift** des leistenden Unternehmers,

2. das **Ausstellungsdatum**,

3. die **Menge** und die **handelsübliche Bezeichnung** des Gegenstandes der Lieferung oder die **Art** und den **Umfang** der sonstigen Leistung,

4. das **Entgelt** und den darauf entfallenden **Steuerbetrag** für die Lieferung oder sonstigen Leistung in einer Summe sowie den anzuwendenden **Steuersatz** oder im Fall einer Steuerbefreiung einen **Hinweis auf die Steuerbefreiung**.

Für die Anerkennung eines **Fahrausweises** als Rechnung ist § 34 Abs. 1 UStDV zu beachten.

---

[21] Statt der Rechnung kann es sich auch um einen Zahlungsbeleg oder eine andere beweiskräftige Unterlage handeln (§ 14b Abs. 1 S. 5 UStG).

[22] Beispiel: Der Dachdeckermeister Meier repariert das Dach des Einfamilienhauses des Hausbesitzers Müller. Dachdeckermeister Meier hat die Rechnung nach § 14 Abs. 2 Nr. 1 UStG spätestens sechs Monate nach Ausführung der Leistungen auszustellen. Hausbesitzer Müller hat nach § 14b Abs. 1 S. 5 UStG dann diese Rechnung zwei Jahre aufzubewahren.

Derjenige, der vorsätzlich oder leichtfertig entweder gar keine Rechnung oder die Rechnung nicht innerhalb eines Zeitraums von sechs Monaten nach Ausführung der Leistung ausstellt, muss mit einer Geldbuße bis zu € 5.000 rechnen (§ 26a Abs. 1 Nr. 1 und Abs. 2 S. 2 UStG). Der Leistungsempfänger muss ebenfalls eine Geldbuße bis zu € 500 fürchten, wenn er die Rechnung nicht zwei Jahre lang aufbewahrt (§ 26a Abs. 1 Nr. 3 und Abs. 2 S. 1 UStG).

15.2   Unrichtiger Umsatzsteuerausweis

15.2.1   Umsatzsteuer zu hoch ausgewiesen

Hat ein Unternehmer, der persönlich zum gesonderten Ausweis der Umsatzsteuer berechtigt ist, für eine Lieferung oder eine sonstige Leistung einen Umsatzsteuerbetrag in einer Rechnung gesondert ausgewiesen, obwohl er für diesen Umsatz
- **keine** oder eine
- **niedrigere** Umsatzsteuer

schuldet, so schuldet er auch den **Mehrbetrag** (§ 14c Abs. 1 UStG).

Dies kann in folgenden Fällen auftreten:
- Für eine steuerpflichtige Leistung wird eine **höhere** als die dafür geschuldete Umsatzsteuer ausgewiesen,
- für eine **nicht steuerbare** Leistung oder
- für eine **steuerfreie** Leistung wird eine Umsatzsteuer ausgewiesen.

Obwohl der Unternehmer eine zu hoch ausgewiesene Umsatzsteuer schuldet, kann der **Leistungsempfänger** diese Steuer **nicht** als Vorsteuer abziehen (Abschnitt 190c Abs. 1 S. 6 UStR). Der Leistungsempfänger darf hierbei nur den gesetzlich vorgeschriebenen Umsatzsteueranteil als Vorsteuer geltend machen.

15.2.2   Umsatzsteuer zu niedrig ausgewiesen

Sofern der Umsatzsteuerausweis zu niedrig durch den leistenden Unternehmer erfolgt, schuldet er trotzdem die **gesetzlich vorgeschriebene Umsatzsteuer**. Er hat in diesem Fall die Steuer unter Zugrundelegung des maßgeblichen Steuersatzes aus dem **Gesamtrechnungsbetrag** herauszurechnen (Abschnitt 190c Abs. 8 UStR). Der Leistungsempfänger hingegen darf als Vorsteuer nur den in der Rechnung ausgewiesenen (zu niedrigen) Umsatzsteuerbetrag geltend machen.

Beispiel:

Ein örtlicher Gartenbaubetrieb mäht auf dem Betriebsgrundstück des Unternehmers Blaumann in Bonn den Rasen und stellt folgende Rechnung:

	€
Rasenmähen Betriebsgelände	100
+ 19% USt	7
insgesamt	107

Der Gartenbaubetrieb schuldet nicht (nur) die in der Rechnung ausgewiesenen € 7, sondern muss aus dem Gesamtrechnungsbetrag iHv. € 107 19% Umsatzsteuer herausrechnen, mithin die gesetzlich geschuldet Umsatzsteuer. Damit ergibt sich ein neues Entgelt iHv. € 89,92 (€ 107/1,19) und einen abzuführenden Umsatzsteuerbetrag iHv. € 17,08.

Unternehmer Blaumann kann bei sich als Vorsteuer nur die in der Rechnung ausgewiesenen € 7 berücksichtigen.

Der leistende Unternehmer hat jedoch die Möglichkeit den unrichtigen Steuerausweis, egal ob zu hoch oder zu niedrig, gegenüber dem Leistungsempfänger zu berichtigen (Abschnitt 190c Abs. 5 iVm. Abschnitt 188a UStR).

15.3   Unberechtigter Umsatzsteuerausweis

Wer in einer Rechnung einen Umsatzsteuerbetrag ausweist, obwohl er dazu nicht berechtigt ist (unberechtigter Steuerausweis), schuldet den **ausgewiesenen Betrag** nach § 14c Abs. 2 Sätze 1 und 2 UStG.

Dies trifft sowohl auf Unternehmer als auch auf Nicht-Unternehmer zu, weil § 14c Abs. 2 UStG folgende Fälle erfasst:
- Ein **Kleinunternehmer** nach § 19 Abs. 1 UStG[23], bei dem die Umsatzsteuer nicht erhoben wird, der aber dennoch Umsatzsteuer erhebt.
- Ein Unternehmer erteilt eine Rechnung mit gesondert ausgewiesenem Umsatzsteuerbetrag, obwohl er keine Leistung ausführt **(Schein- oder Gefälligkeitsrechnung)**.
- Ein Unternehmer erteilt eine Rechnung mit gesondertem Umsatzsteuerausweis, in der er statt des tatsächlich gelieferten Gegenstandes einen anderen von ihm nicht gelieferten Gegenstand aufführt, oder statt der tatsächlich ausgeführten sonstigen Leistung eine andere von ihm nicht erbrachte Leistung angibt **(unrichtige Leistungsbezeichnung)**.
- Eine Person, die **nicht umsatzsteuerlicher Unternehmer** ist, weist in der Rechnung einen Umsatzsteuerbetrag gesondert aus.

---

[23] Vergleiche die Ausführungen des Gliederungspunktes 16.

Auch der unberechtigte Umsatzsteuerausweis kann berichtigt werden, wenngleich dies an strenge Anforderungen geknüpft ist. Hierzu muss der Aussteller der Rechnung zum einen den unberechtigten Steuerausweis gegenüber dem Belegempfänger für ungültig erklären und zum anderen darf keine Gefährdung des Steueraufkommens vorliegen.

Die Gefährdung ist beseitigt, wenn der Vorsteuerabzug beim Empfänger der Rechnung nicht durchgeführt wurde oder die geltend gemachte Vorsteuer an das Finanzamt zurückgezahlt worden ist (§ 14c Abs. 2 S. 4 UStG). Dieses Bedarf jedoch der Überprüfung durch die Finanzbehörden, was der Schuldner der unberechtigt ausgewiesenen Umsatzsteuer schriftlich bei seinem für die Besteuerung zuständigen Finanzamt (Betriebsstättenfinanzamt) beantragen muss. Dieses Finanzamt hat dann durch Einholung einer Auskunft beim Finanzamt des Rechnungsempfängers zu ermitteln, in **welcher Höhe** und insbesondere **wann** ein unberechtigt in Anspruch genommener Vorsteuerabzug durch den Rechnungsempfänger zurückgezahlt wurde. Nach Einholung dieser Auskunft teilt dann das Finanzamt dem Rechnungsaussteller mit, für welchen Besteuerungszeitraum und in welcher Höhe er die Berichtigung des geschuldeten Steuerbetrages vornehmen kann.

Fragen und Lösungen

1. Was ist eine umsatzsteuerliche Rechnung?
   Eine umsatzsteuerliche Rechnung kann jedes Dokument sein, mit dem ein Unternehmer über eine Leistung gegenüber dem Leistungsempfänger abrechnet. Hierbei ist es unerheblich, wie dieses Dokument im Geschäftsverkehr bezeichnet wird.

2. Ist der vollständige Name und die vollständige Anschrift des leistenden Unternehmers ein Pflichtbestandteil einer umsatzsteuerlichen Rechnung?
   Ja, der vollständige Name und die vollständige Anschrift des leistenden Unternehmers sind Pflichtbestandteile einer umsatzsteuerlichen Rechnung. Dies im Übrigen auch bei den so genannten Kleinbetragsrechnungen nach § 33 UStDV.

3. Was ist eine Kleinbetragsrechnung?
   Eine Kleinbetragsrechnung ist eine Rechnung, deren Gesamtbetrag einschließlich Umsatzsteuer 150 € nicht übersteigt.

4. Kann eine falsch ausgestellte Rechnung korrigiert werden?
   Ja, Rechnungen, die einen unrichtigen Umsatzsteuerausweis enthalten (Umsatzsteuer zu hoch oder zu niedrig ausgewiesen) oder in denen ein unberechtigter Umsatzsteuerausweis erfolgte, sind zu berichtigen. Hierbei sind ggf. bestimmte Abläufe bzw. Voraussetzungen einzuhalten.

16   Kleinunternehmerregelung

Als umsatzsteuerliche Kleinunternehmer gelten Unternehmer, deren
- Umsatz zzgl. der darauf entfallenden Umsatzsteuer im vorangegangen Kalenderjahr nicht höher war als € 17.500 und
- im laufenden Kalenderjahr € 50.000 voraussichtlich nicht übersteigen wird (§ 19 UStG).

Bei Vorliegen dieser beiden Voraussetzungen wird die Umsatzsteuer für Umsätze nach § 1 Abs. 1 Nr. 1 UStG nicht erhoben. Deshalb wirkt im Ergebnis die Kleinunternehmerregelung wie eine Umsatzsteuerbefreiung.

Der Unternehmer kann von der Anwendung dieser Sonderregelung durch Erklärung gegenüber dem Finanzamt jedoch absehen. Er unterliegt dann der Besteuerung gemäß den Vorschriften des Umsatzsteuergesetzes und ist hieran mindestens fünf Jahre gebunden (§ 19 Abs. 2 UStG).

Der Verzicht auf die Umsatzsteuer und damit die Annahme der Kleinunternehmerregelung erfolgt in der Regel aus Vereinfachungsgründen. Der Unternehmer hat keine Umsatzsteuer an das Finanzamt abzuführen, darf auch keine Rechnungen mit gesondertem Umsatzsteuerausweis erstellen und ist auch nicht berechtigt, am Vorsteuerabzug teilzunehmen. Der Unternehmer wird wie eine Privatperson behandelt.

Der Unternehmer kann die Umsatzsteuer aus seinen bezogenen Vorleistungen (Eingangsumsätze) nicht als Vorsteuer geltend machen. Ertragsteuerlich gehört die Umsatzsteuer damit zu den Anschaffungs- und Herstellungskosten der zugrunde liegenden Leistung (§ 9b EStG). Bei zu aktivierenden Wirtschaftsgütern wirkt sie sich auf den unternehmerischen Erfolg somit mindernd in Form der Abschreibungen aus, sofern die Wirtschaftsgüter abgeschrieben werden. Erfolgt keine Aktivierung, werden die nicht abziehbaren Vorsteuern ebenso wie die betreffenden Leistungen sofort im Jahr ihres Anfalls in voller Höhe als Aufwand erfolgswirksam berücksichtigt.

Fragen und Lösungen

1. Welche Voraussetzungen müssen erfüllt sein, damit ein umsatzsteuerlicher Unternehmer als Kleinunternehmer gilt?
   Kleinunternehmer ist nach § 19 UStG nur derjenige, der im vorangegangenen Kalenderjahr nicht mehr als 17.500 € erzielt hat und im laufenden Kalenderjahr voraussichtlich nicht mehr als 50.000 € (jeweils ohne Umsatzsteuer) erzielen wird.

2. Sind alle Unternehmer, die die vorstehenden Umsatzgrenzen nicht überschreiten, umsatz-
    steuerliche Kleinunternehmer?
    Grundsätzlich ja, jedoch haben sie die Möglichkeit die Vereinfachungsregelung der Klei-
    nunternehmerschaft abzulehnen. In diesem Fall nehmen die Unternehmer „ganz normal"
    am Umsatzsteuerverfahren mit Vorsteuerabzug nach den allgemeinen Vorschriften des
    Umsatzsteuergesetzes teil. Hieran sind sie dann für mindestens fünf Jahre gebunden.

3. Welche Folgen treten ein, wenn der Unternehmer umsatzsteuerlicher Kleinunternehmer
    ist?
    Beim umsatzsteuerlichen Kleinunternehmer wird die Umsatzsteuer für Lieferungen und
    Leistungen, die er im Inland gegen Entgelt im Rahmen seines Unternehmens ausführt,
    nicht erhoben. Hierdurch entspricht der Verkaufspreis zugleich dem Entgelt (Nettopreis).

Da auf der einen Seite keine Umsatzbesteuerung der erbrachten inländischen Leistungen
erfolgt, kann der umsatzsteuerliche Kleinunternehmer auf der andern Seite auch nicht am
Vorsteuerabzug teilnehmen. Das heißt, er bekommt die gezahlten Umsatzsteuerbeträge
aus seinen Eingangsrechnungen nicht als Vorsteuer von der Finanzkasse erstattet. Die gezahlten Umsatzsteuerbeträge erhöhen damit seine Anschaffungs- und Herstellungskosten
bzw. den Aufwand in der Gewinn- und Verlustrechnung und mindern damit entsprechend
den Jahreserfolg.

17 Innergemeinschaftliche Warenbewegungen

Die innergemeinschaftlichen Warenbewegungen teilen sich auf in:
- Innergemeinschaftliche Lieferungen und
- Innergemeinschaftliche Erwerbe.

17.1 Innergemeinschaftliche Lieferungen

Die **innergemeinschaftlichen Lieferungen** umfassen bzw. sind zu differenzieren in:

1. Warenlieferungen an **andere umsatzsteuerliche Unternehmer** im übrigen Gemeinschaftsgebiet (Gliederungspunkt 17.1.1),
2. Warenlieferungen an **juristische Personen** im übrigen Gemeinschaftsgebiet (Gliederungspunkt 17.1.3),
3. die **Lieferung neuer Kraftfahrzeuge** in das übrige Gemeinschaftsgebiet (Gliederungspunkt 17.1.5),
4. das **unternehmensinterne Verbringen von Gegenständen** in das übrige Gemeinschaftsgebiet (Gliederungspunkt 17.1.9) und
5. die **Versandhandelsregelung**, bei der der Lieferer die Beförderung/ Versendung in das übrige Gemeinschaftsgebiet veranlasst (Gliederungspunkt 17.1.10).

Diese verschiedenen Formen der innergemeinschaftlichen Lieferungen werden im Detail nach diesen grundsätzlichen Erläuterungen durch die nachfolgenden Gliederungspunkte abgehandelt.

Bei der **innergemeinschaftlichen Lieferung** (§ 6a UStG) handelt es sich um eine **steuerbare** Lieferung nach § 1 Abs. 1 Nr. 1 UStG, deren Beförderungs-/ Versendungsort im Inland[24]

---

[24] Der Ort der Lieferung bestimmt sich vorbehaltlich der nachfolgenden Sonderregelungen grundsätzlich nach § 3 Abs. 5a iVm. den Abs. 6-8 UStG. Hiervon dürfte in der Mehrzahl der zu beurteilenden Geschäftsvorfälle die Regelung des § 3 Abs. 6 S. 1 UStG maßgeblich sein, wonach „...die Lieferung dort als ausgeführt gilt, wo die Beförderung oder Versendung an den Abnehmer oder in dessen Auftrag an einen Dritten beginnt".

Als Sonderreglungen können auftreten: § 3c UStG (Versandhandel), § 3e UStG (Bordverkäufe), § 3f UStG (unentgeltliche Leistungen).

(Deutschland) liegt, der Zielort jedoch im übrigen Gemeinschaftsgebiet (bspw. Spanien, Frankreich, …).

Weitere Voraussetzungen, die nach § 6a Abs. 1 UStG erfüllt sein müssen, damit eine innergemeinschaftliche Lieferung vorliegt, sind:

1. Der Abnehmer (Erwerber der Ware) muss ein **umsatzsteuerlicher Unternehmer** sein, der den Gegenstand der Lieferung für *sein Unternehmen* erworben hat *oder*
2. eine **juristische Person**, die den Gegenstand für den *nicht-unternehmerischen Bereich* bezogen hat *oder*
3. es muss sich bei dem Abnehmer um jemanden handeln, der ein **neues Fahrzeug** erworben hat

und

4. der Gegenstand der Lieferung unterliegt im Mitgliedsstaat des Abnehmers den Vorschriften der Umsatzbesteuerung (**Erwerbsbesteuerung**).

Bei einer Lieferung an den vorgenannten Abnehmerkreis ist die innergemeinschaftliche Lieferung durch § 4 Nr. 1 Buchstabe b iVm. § 6a Abs. 1 UStG **umsatzsteuerfrei** gestellt. Wer hierbei die Beförderung oder Versendung des Liefergegenstandes veranlasst oder bewirkt, ist unerheblich.

Der Abnehmer bzw. Erwerber der Ware bestimmt sich grundsätzlich nach dem schuldrechtlichen Verhältnis, das der jeweiligen Lieferung zugrunde liegt (UStR 192 Abs. 16).

In den nachfolgenden Gliederungspunkten werden nun alle eingangs genannten Formen der innergemeinschaftlichen Lieferung und die oben aufgezählten vier Voraussetzungen (Tatbestandsmerkmale) erläutert.

17.1.1   Abnehmer ist umsatzsteuerlicher Unternehmer

Bei einer Lieferung an einen anderen umsatzsteuerlichen Unternehmer muss dieser die Waren für **sein Unternehmen** erwerben (§ 6a Abs. 1 Nr. 2a UStG). Die ausschließliche private Nutzung ist damit ausgeschlossen.

Beispiel:

Kunde K, der in London/ England Porzellan fertigt, bestellt bei dem Maschinenhändler M aus Köln eine Produktionsmaschine für seinen Betrieb. Die Produktionsmaschine wird mit dem LKW von Köln nach London befördert.

M hat die Lieferung in Deutschland als steuerfrei zu behandeln, sofern die Voraussetzungen der § 4 Nr. 1 Buchstabe b und § 6a UStG erfüllt sind.

K muss den Kauf in England als innergemeinschaftlichen Erwerb versteuern, hat hierbei jedoch den Vorsteuerabzug nach englischem Recht.

Nur wenn der Abnehmer (Käufer) – wie auch der Lieferer – umsatzsteuerlicher Unternehmer ist und er im **Bestimmungsland der Erwerbsbesteuerung** unterliegt, darf der liefernde Unternehmer umsatzsteuerfrei liefern.

Der leistende Unternehmer erkennt durch die so genannte **Umsatzsteuer-Identifikationsnummer**[25], ob sein Geschäftspartner aus dem anderen europäischen Mitgliedsstaat ein umsatzsteuerlicher Unternehmer bzw. jemand ist, der dort der Erwerbsbesteuerung unterliegt.

Nur wenn der Geschäftspartner im Geschäftsverkehr mit seiner gültigen Umsatzsteuer-Identifikationsnummer gegenüber dem leistenden Unternehmer auftritt, darf der Lieferer umsatzsteuerfrei liefern. Mit Angabe der Umsatzsteuer-Identifikationsnummer beim liefernden Unternehmer gibt der Abnehmer zum Ausdruck, dass er den Gegenstand **für sein Unternehmen erwirbt**.

In der Praxis besteht aber das Problem, die Zuordnungsentscheidung des Abnehmers zu überprüfen, ob dieser den gelieferten Gegenstand tatsächlich seinem unternehmerischen Bereich und nicht seinem privaten Bereich zugeordnet hat.

Bei Ware, die von ihrer Art oder Menge her regelmäßig nur von einem Unternehmer verwendet werden kann, kann der liefernde Unternehmer ohne weitere Prüfung davon ausgehen, dass der Abnehmer die Lieferung für sein Unternehmen erworben hat. In diesen Situationen reicht die Angabe der Umsatzsteuer-Identifikationsnummer des Abnehmers für eine umsatzsteuerfreie Lieferung ohne weitere Prüfungen aus.

Beispiel:

Der Baukranhersteller HOCH, Leipzig, liefert an den Hochbauunternehmer Joschl in Österreich einen 60 Meter hohen Schwerlastkran, den dieser unter Verwendung seiner gültigen österreichischen Umsatzsteuer-Identifikationsnummer bei HOCH in Leipzig bestellte.

Der Kran kann offensichtlich nur im unternehmerischen Bereich des Hochbauunternehmers Joschl verwendet werden, weshalb der Baukranhersteller HOCH ohne weitere Überprüfung, ob die Lieferung dem unternehmerischen Bereich des Hochbauunternehmers tatsächlich zugeordnet wird, umsatzsteuerfrei liefern.

Sollte sich im Nachgang herausstellen, dass die Inanspruchnahme der Steuerbefreiung auf **unrichtigen Angaben des Abnehmers** beruhte, so ist der liefernde Unternehmer nach § 6a Abs. 4 S. 1 UStG von der (nachträglichen) Entrichtung der entgangenen Umsatzsteuer befreit, soweit er unter Beachtung der Sorgfalt eines ordentlichen Kaufmanns dies nicht erkennen konnte (Vertrauensschutzregelung). Vielmehr schuldet in diesem Fall der Abnehmer die entgangene Steuer (§ 6a Abs. 4 S. 2 UStG).

Sofern die gelieferten Gegenstände von ihrer Art oder Menge her auch von Privatpersonen bezogen werden, darf sich der liefernde Unternehmer nicht allein auf die vom Abnehmer an-

---

[25] Vgl. die Ausführungen unter dem Gliederungspunkt 18.

gegebene Umsatzsteuer-Identifikationsnummer verlassen, dass ein Erwerb für das Unternehmen des Abnehmers erfolgt. Der liefernde Unternehmer hat dies mit der Sorgfalt eines ordentlichen Kaufmanns unter Berücksichtigung aller Umstände zu überprüfen. Nur in diesen Fällen unterliegt er der Vertrauensschutzregelung des § 6a Abs. 4 UStG.

Beispiel:

Der Eigentümer einer Videothek aus Belgien bestellt unter Angabe seiner gültigen belgischen Umsatzsteuer-Identifikationsnummer bei einem deutschen Möbelhaus in Bonn ein Kinderbett.

Der Inhaber des Möbelhauses in Bonn kann trotzt der Angabe der gültigen belgischen Umsatzsteuer-Identifikationsnummer nicht davon ausgehen, dass der Erwerb des Kinderbettes für das Unternehmen (Videothek) erfolgt. Vielmehr hat er die tatsächliche Verwendung nachzufragen bzw. sich schriftlich vom belgischen Unternehmer bestätigen zu lassen, dass die Zuordnung zum bzw. Verwendung im unternehmerischen Bereich wirklich erfolgt.

Sollte der Inhaber des Möbelhauses das Kinderbett ohne weitere Nachprüfung/ Bestätigung als steuerfreie innergemeinschaftliche Lieferung liefern, so kann er im Missbrauchsfall nicht die Vertrauensschutzregelung des § 6a Abs. 4 UStG in Anspruch nehmen. Er schuldet dann die entgangene Umsatzsteuer.

Ähnliche Probleme hinsichtlich des Nachweises der Zuordnung zum unternehmerischen Bereich des Abnehmers können sich regelmäßig bei Verkäufen über den Ladentisch ergeben, bei denen die Abnehmer die Ware direkt im inländischen (deutschen) Ladenlokal des Lieferers entgegennehmen (Abholfälle) und entgegen den Erfordernissen nicht in das übrige Gemeinschaftsgebiet verbringen und/ oder nicht für ihr Unternehmen erwerben. In Zweifelsfällen sollte der liefernde Unternehmer sich daher das Verbringen vom Abnehmer schriftlich versichern lassen oder mit dem Abnehmer vereinbaren, dass zunächst der Bruttopreis in Rechnung gestellt wird und dass die darin enthaltene, aber nicht offen ausgewiesene Umsatzsteuer sofort erstattet wird, sobald der Abnehmer die unternehmerische Zuordnung bzw. Verwendung nachweist.

Beispiel:

Ein Autohändler aus Polen kauft unter Angabe seiner polnischen Umsatzsteuer-Identifikationsnummer in der Galerie eines Kunsthändlers in Berlin ein Gemälde.

Der Berliner Kunsthändler muss erhebliche Bedenken haben, ob der Autohändler das Gemälde für seine Unternehmen erwirbt. Diese lassen sich bspw. ausräumen, indem der Autohändler dem Kunsthändler ein Foto zuschickt, auf dem erkennbar ist, dass das Gemälde im Autohaus aufgehängt ist.

17.1.2 Abnehmer ist Privatperson

Sofern eine Privatperson Abnehmer einer Ware ist (außer bei der Lieferung von Neufahrzeugen), liegt keine innergemeinschaftliche Lieferung vor, weil die Tatbestandsvoraussetzung des § 6a UStG zur Person nicht erfüllt ist. In Folge darf der liefernde (deutsche) Unternehmer die Warenlieferung nicht mehr umsatzsteuerfrei nach § 4 Nr. 1b leisten.

Nunmehr liegt eine Lieferung vor, deren Ort sich grundsätzlich nach § 3 Abs. 5a iVm. Abs. 6 S. 1 UStG bestimmt. Hiernach gilt die Lieferung dort als ausgeführt, **wo die Beförderung/ Versendung beginnt – also im Inland (Ursprungsland)**.

Damit liegt insgesamt beurteilt ein steuerbarer Umsatz nach § 1 Abs. 1 Nr. 1 UStG vor, der – sofern er nicht steuerbefreit ist – die Umsatzsteuerbelastung des Ursprungslandes auslöst. In Deutschland nach § 12 UStG mit 7% bzw. 19%.

Lieferungen an Endverbraucher unterliegen damit grundsätzlich dem Ursprungslandprinzip. Der Käufer (Endverbraucher) hat die im Kaufland geltende Mehrwertsteuer (Umsatzsteuer) zu zahlen bzw. wirtschaftlich zu tragen. Er bleibt mit dieser Steuer auch endgültig belastet, da er gegenüber den Finanzbehörden keine Erstattung geltend machen kann.

Privatreisende aus Mitgliedsstaaten der europäischen Union, die Waren für den Privatbedarf in einem anderen europäischen Mitgliedsland kaufen, werden an den europäischen Binnengrenzen nicht mehr kontrolliert. Denn sie haben beim Kauf der Ware die im Kaufland geltende Mehrwertsteuer gezahlt und unterliegen, bis auf verbrauchssteuerpflichtige Waren[26] und Neufahrzeugen[27], seit dem 1.1.1993 daher keinen Wert- oder Mengenbeschränkungen mehr.

Abschließend ist noch auf die Sonderregelung § 3c UStG hinzuweisen, die so genannte *Versandhandelsfälle* erfasst, die unter dem Gliederungspunkt 17.1.10 dargestellt werden.

Die umsatzsteuerlichen Folgen, wenn der Abnehmer umsatzsteuerlicher Unternehmer bzw. Privatperson ist, werden in der nachstehenden Grafik zusammenfassend wiedergegeben:

---

[26] Unter die verbrauchssteuerpflichtigen Waren fallen Alkohol und alkoholische Getränke, Tabakwaren und Mineralöle; § 1a Abs. 5 UStG.

[27] Vgl. § 1b UStG.

Innergemeinschaftliche Warenlieferung

Unternehmer D (Deutschland) liefert an S (Spanien) Waren

Deutschland	Ware →	Spanien

S ist Unternehmer

- steuerfrei als innergemeinschaftliche Lieferung gem. § 4 Nr. 1 Buchstabe b iVm. § 6a UStG
- Pflicht zur Rechnungserteilung mit Angabe der eigenen USt-IdNr. sowie der USt-IdNr. des Abnehmers (§ 14a UStG)
- Zusammenfassende Meldung gem. § 18a UStG (mit Angabe der USt-IdNr. des Abnehmers)

- Keine EUSt in Spanien
- Erwerbsbesteuerung durch S
- Vorsteuerabzug bei S
- Angabe der spanischen USt-IdNr. ggü. D

S ist kein Unternehmer

- Bei Abholung: Steuerpflichtige Inlandslieferung; deutscher Steuersatz (bspw.: spanischer Tourist kauft in Deutschland ein)
- Bei Beförderung oder Versendung durch D nach Spanien: § 3c UStG

- Keine EUSt in Spanien
- Keine Erwerbsbesteuerung

- Steuerpflichtige Lieferung durch D in Spanien zum spanischen Steuersatz

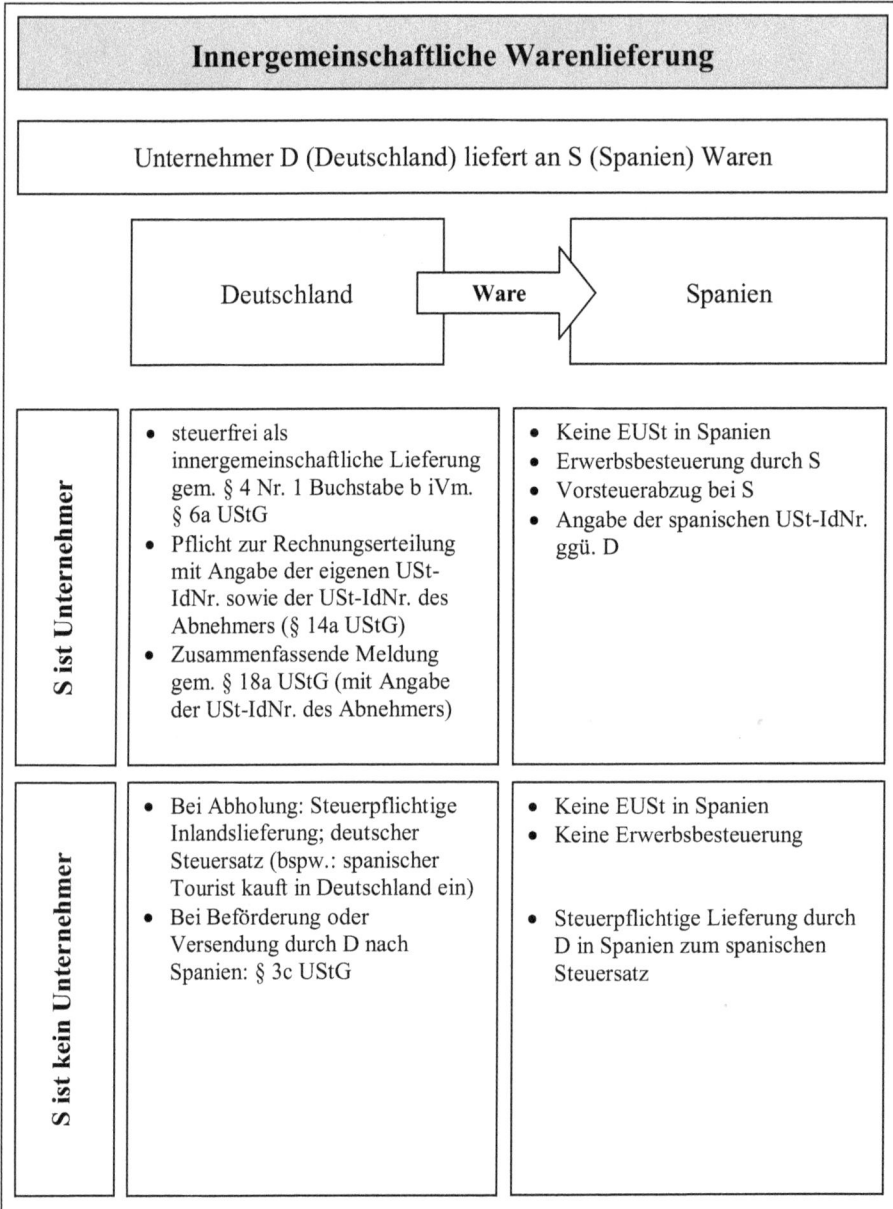

Abb. 17.1: Steuerliche Folgen innergemeinschaftlicher Warenbewegungen

17.1.3 Juristische Personen, die den Gegenstand für den nicht-unternehmerischen Bereich beziehen

Auch an juristische Personen, losgelöst davon, ob sie Personen des öffentlichen oder des privaten Rechts sind[28], können innergemeinschaftliche Lieferung nach § 6a UStG ausgeführt werden.

Bedingung hierbei ist, dass die bezogene Ware – egal, ob die juristische Person einen umsatzsteuerlichen unternehmerischen Bereich besitzt oder nicht – stets dem **nicht-unternehmerischen Bereich** zugeordnet wird und der **Erwerbsbesteuerung** unterliegt. Die juristische Person drückt dies durch Angabe ihrer gültigen Umsatzsteuer-Identifikationsnummer gegenüber dem Lieferer in dem anderen Mitgliedsstaat aus, der daraufhin die Ware als innergemeinschaftliche Lieferung umsatzsteuerfrei liefern darf.

Sollte die juristische Person nicht unter Verwendung ihrer Umsatzsteuer-Identifikationsnummer gegenüber dem Lieferer auftreten, so darf er die Ware nicht umsatzsteuerfrei als innergemeinschaftliche Lieferung liefern. Er muss die Ware steuerpflichtig liefern, belastet mit dem nationalen Umsatzsteuersatz seines Mitgliedsstaates.

Beispiel:

Der österreichische Staat bestellt beim deutschen Waffenhersteller Walther in Ulm Schusswaffen für das österreichische Militär. Hierbei tritt der österreichische Staat gegenüber der Fa. Walther wie folgt auf:

Fall A: ohne Umsatzsteuer-Identifikationsnummer

Fall B: mit Umsatzsteuer-Identifikationsnummer

Der österreichische Staat ist eine juristische Person, die unter den Abnehmerkreis des § 6a Abs. 1 Nr. 2 UStG fällt und die die Schusswaffen für ihren nicht-unternehmerischen Bereich erwirbt.

Fall A:

Der deutsche Waffenhersteller Walther muss auf Grund der Nichtangabe der Umsatzsteuer-Identifikationsnummer die Schusswaffen nach § 1 Abs. 1 Nr. 1 iVm. § 3 Abs. 5a iVm. Abs. 6 S. 1 UStG steuerpflichtig liefern und entsprechend 19% deutsche Umsatzsteuer auf das Entgelt erheben.

---

[28] Juristische Personen des öffentlichen Rechts sind bspw.: Staat, Länder, Gemeinden, Kommunen, Handwerkskammern, Universitäten oder öffentliche Rundfunkanstalten sowie gemeinnützige Stiftungen.

Juristische Personen des privaten Rechts sind bspw.: Vereine, Genossenschaften, Aktiengesellschaften oder Gesellschaften mit beschränkter Haftung. Von diesen Rechtsformen dürfte praktisch nur der Verein umsatzsteuerliche Relevanz in Bezug auf die innergemeinschaftliche Lieferung an juristische Personen des privaten Rechts aufweisen. Die übrigen werden als *umsatzsteuerlicher Unternehmer* regelmäßig wegen ihres Unternehmensbereiches schon durch § 6a Abs. 1 Nr. 2 Buchstabe a UStG (umsatzsteuerlicher Unternehmer) erfasst.

Fall B:

Durch die Angabe der österreichischen Umsatzsteuer-Identifikationsnummer gegenüber dem deutschen Waffenhersteller signalisiert der österreichische Staat, dass er die Schusswaffen steuerfrei erwerben möchte und sie der Erwerbsbesteuerung in Österreich unterwirft. Folglich kann der deutsche Waffenhersteller die Waffen umsatzsteuerfrei als innergemeinschaftliche Lieferung liefern.

Beispiel:

Die Gemeinde Bad Grund im Harz kauft ohne Angabe der Umsatzsteuer-Identifikationsnummer bei einem Büromöbelhersteller in Dänemark für 11.000 € zuzüglich 25% dänischer Umsatzsteuer verschiedene Büromöbel für die Gemeindeverwaltung (Hoheitsbereich).

Da der Abnehmer der Ware, hier die Gemeinde Bad Grund, unter den Personenkreis des § 1a Abs 3 UStG fällt (juristische Person, die für ihren nicht-unternehmerischen Bereich kauft), hat der dänische Möbelhersteller den Umsatz gemäß des Inlandsprinzips in Dänemark mit 25% dänischer Umsatzsteuer zu belegen und an die dortigen dänischen Finanzbehörden abzuführen. Die Gemeinde muss beim Einkauf die dänische Umsatzsteuer mitbezahlen. Sie ist damit endgültig wirtschaftlich belastet. Es besteht kein Anspruch auf Erstattung bzw. Vergütung.

17.1.4   Halbunternehmer

Bei innergemeinschaftlichen Lieferungen von
- **Kleinunternehmern**[29] (§ 19 Abs. 1 UStG; ausgenommen Neufahrzeuge § 19 Abs. 4 UStG) und
- **land- und forstwirtschaftlichen Unternehmern**, die ihre Umsätze nach § 24 UStG pauschal versteuern,

gilt das **Ursprungslandprinzip** und nicht das Bestimmungslandprinzip.

Die Land- und Forstwirte, die die Umsatzsteuer pauschalieren, können zwar innergemeinschaftliche Lieferungen im Sinne des § 6a UStG ausführen, nach § 24 Abs. 1 S. 2 UStG werden sie jedoch **nicht steuerfrei** gestellt. Ihre Leistungen sind mit deutscher Umsatzsteuer abzurechnen. Die Pauschalversteuerung führt dazu, dass verschiedene USt-Befreiungsvorschriften nicht anwendbar sind (§ 24 Abs. 1 S. 2 UStG) und der Erwerber nicht der Erwerbsbesteuerung unterliegt.

---

[29] Zur Kleinunternehmerregelung vergleiche die Ausführungen unter dem Gliederungspunkt 16.

> **Beispiel:**
>
> Ein Weinhändler aus Frankreich bestellt in Deutschland bei einem Winzer an der Ahr Wein, der seine Umsätze nach § 24 UStG pauschal versteuert.
>
> Der deutsche Winzer muss den Wein an den französischen Weinhändler mit (deutscher) Umsatzsteuer verkaufen. Er darf ihn nicht steuerfrei veräußern, obwohl es sich um eine innergemeinschaftliche Lieferung handelt (§ 24 Abs. 1 S. 2 UStG). Es besteht aber die Möglichkeit, dass der französische Weinhändler sich die gezahlte deutsche Umsatzsteuer gemäß § 18 Abs. 9 UStG, §§ 59 ff. UStDV vergüten lässt. Auf jeden Fall unterliegt der französische Weinhändler mit dieser Lieferung nicht der Erwerbsbesteuerung in Frankreich.

17.1.5   Lieferung neuer Fahrzeuge

Nach § 6a Abs. 1 Nr. 2c UStG ist die Lieferung eines neuen Fahrzeugs in das übrige Gemeinschaftsgebiet **stets** eine **umsatzsteuerfreie innergemeinschaftliche Lieferung**, die als **steuerpflichtiger innergemeinschaftlicher Erwerb** der **Erwerbsbesteuerung** nach § 1b Abs. 1 bzw. § 1a Abs. 1 Nr. 1 UStG unterliegt. Unabhängig davon, um was für eine Person es sich mit welchem umsatzsteuerlichen Unternehmerstatus bei dem Abnehmer/ Erwerber handelt. Somit können auch Privatpersonen der Erwerbsbesteuerung unterliegen.

Dies gilt auch für den Lieferer. Er muss kein Unternehmer sein. So liegt eine innergemeinschaftliche Lieferung auch bei einer Lieferung durch Privatpersonen oder durch Unternehmer vor, die außerhalb ihres Unternehmens liefern.

Folglich gelten bei der Lieferung neuer Fahrzeuge auch nicht die in den nachfolgenden Gliederungspunkten aufgeführten Erwerbs- bzw. Lieferschwellen (§ 1a Abs. 5 UStG).

Als Fahrzeuge gelten motorangetriebene Land-, Wasser- und Luftfahrzeuge. Zu den motorangetriebenen Landfahrzeugen zählen insbesondere PKW, LKW, Motorräder, Motorroller, Mopeds und Wohnmobile, die nach § 1b Abs. 2 UStG entweder
* mehr als 48 Kubikzentimeter Hubraum oder
* mehr als 7,2 Kilowatt Leistung aufweisen.

Als neu gelten diese Fahrzeuge, wenn
* ihre erste Inbetriebnahme nicht mehr als sechs Monate zurückliegt oder
* die bisherige Fahrtstrecke 6.000 Kilometer nicht überschreitet (§ 1b Abs. 3 UStG).[30]

Nicht zu den motorangetriebenen Kraftfahrzeugen zählen Wohnwagen, Packwaren und andere Anhänger ohne Motor, die nur von Kraftfahrzeugen mitgeführt werden können (UStR 15c).

---

[30]   Die Regelung kann dazu führen, dass ein Oldtimer umsatzsteuerlich als Neufahrzeug gilt.

Die straßenverkehrsrechtliche Zulassung ist für die Beurteilung, ob die Fahrzeuge umsatzsteuerlich als neu gelten, unerheblich (UStR 15c). Vielmehr kommt es bei dem Merkmal der ersten Inbetriebnahme auf die erstmalige tatsächliche Nutzung und nicht auf den Tag der Zulassung an.

Für Wasser- und Luftfahrzeuge gelten entsprechende Merkmale (§ 1b Abs. 3 UStG).

Beispiel:

Ein holländischer Arbeitnehmer kauft bei einem Autohändler in Düsseldorf ein neuen Pkw für 30.000 € (netto). Der Holländer überführt das Fahrzeug selbst in die Niederlande und lässt dort das Fahrzeug straßenverkehrsrechtlich zu. Der holländische Arbeitnehmer besitzt keine niederländische Umsatzsteuer-Identifikationsnummer (Hinweis: Als Privatmann und Erwerber eines Neufahrzeuges erhält er auch keine).

Für den Autohändler in Düsseldorf ist die Lieferung nach § 1 Abs. 1 Nr. 1 iVm. § 3 Abs. 5a iVm. Abs. 6 UStG steuerbar und nach § 4 Nr. 1 Buchstabe b iVm. § 6a UStG steuerbefreit. Der Autohändler stellt demgemäß eine Rechnung ohne Umsatzsteuer aus, da der holländische Arbeitnehmer in den Niederlanden der Erwerbsbesteuerung unterliegt. Er hat das Fahrzeug dort zu versteuern.

Hinweis: Sofern der holländische Arbeitnehmer kein neues Fahrzeug bei dem Autohändler in Düsseldorf erwirbt, sondern einen Gebrauchtwagen, handelt es sich nicht mehr um eine innergemeinschaftliche Lieferung nach § 6a UStG und um keinen innergemeinschaftlichen Erwerb beim Holländer.

In diesem Fall wäre die Lieferung zwar ebenfalls nach § 1 Abs. 1 Nr. 1 iVm. § 3 Abs. 5a iVm. Abs. 6 UStG steuerbar, jedoch nicht mehr nach § 4 Nr. 1 Buchstabe b iVm. § 6a UStG steuerbefreit. Die Lieferung des Gebrauchtfahrzeugs wäre mangels Steuerbefreiung steuerpflichtig. Der Autohändler hätte das Fahrzeug mit 19% Umsatzsteuer zu verkaufen.

17.1.6   Erwerbsbesteuerung im Bestimmungsland

Die letzte Voraussetzung, die nach § 6a Abs. 1 UStG für eine innergemeinschaftliche Lieferung erfüllt sein muss und die für alle drei in § 6a Abs. 1 UStG genannten Abnehmer gilt[31], ist, dass der Gegenstand der Lieferung im **Mitgliedsland des Abnehmers** der Umsatzbesteuerung unterliegt (Erwerbsbesteuerung). Der Erwerb muss also dort **steuerbar** sein. Nicht erforderlich ist hingegen, dass die Lieferung steuerpflichtig wird. Insofern kann der Erwerb dort letztlich auch steuerfrei gestellt sein.

Damit die Lieferung an den Abnehmer auch tatsächlich im Bestimmungsland steuerbar ist, muss er bestimmte Voraussetzungen in seiner Person erfüllen. Es darf sich umsatzsteuerlich bei ihm nicht um folgende Personen handeln (§ 1a Abs. 3 bzw. § 3c Abs. 2 UStG):

---

[31]   Vgl. die Auflistung unter Gliederungspunkt 17.1.

- Unternehmer, die nur steuerfreie und vorsteuerschädliche Umsätze ausführen (bspw. Ärzte, Krankenhäuser, Banken, Versicherungen, Wohnungsvermieter),
- Kleinunternehmer,
- Unternehmer, die der Pauschalversteuerung für land- und forstwirtschaftliche Betriebe unterliegen, oder
- juristische Personen, die für ihren nicht-unternehmerischen Bereich erwerben (bspw. Bund, Länder, Gemeinden, Vereine).

Warenlieferungen an diesen vorstehenden Abnehmerkreis, der nicht die Voraussetzungen des § 6a UStG erfüllt, sind umsatzsteuerlich wie Lieferungen an **Privatpersonen** zu behandeln. Das bedeutet, der liefernde (deutsche) Unternehmer muss die jeweilige Warenlieferung, sofern sie nicht nach § 4 UStG steuerbefreit ist, mit inländischer (deutscher) Umsatzsteuer belegen. Es kommt **nicht zur Erwerbsbesteuerung** beim Abnehmer im Bestimmungsland, sondern es gilt das Ursprungslandprinzip. Es liegt keine steuerfreie innergemeinschaftliche Lieferung im Sinne des § 6a UStG vor, weil die Voraussetzungen nicht sämtlich erfüllt sind.

Es gibt von dieser Regelung aber eine Ausnahme und zwar im Zusammenhang mit der sog. Erwerbsschwelle, die im Nachfolgenden erklärt wird.

17.1.7 Erwerbsschwelle

Die Behandlung im letzten Abschnitt des vorstehenden Gliederungspunktes 17.1.6 (umsatzsteuerpflichtige Lieferung durch den Lieferer an den Abnehmer und keine Erwerbsbesteuerung im Bestimmungsland) kommt nur dann zum Tragen, sofern der im vorherigen Gliederungspunkt genannte Personenkreis (§ 1a Abs. 3 bzw. § 3c Abs. 2 UStG)
- weder die maßgebende **Erwerbschwelle** erreicht (§ 1a Abs. 3 Nr. 2 UStG),
- noch auf ihre **Anwendung** verzichtet hat (§ 1a Abs. 4 bzw. § 3c Abs. 2 Nr. 2 UStG).

Ferner kommt diese Regelung nicht zum Tragen bei **verbrauchssteuerpflichtigen Waren** und **Neufahrzeugen** (§ 3c Abs. 5 UStG). Sie werden immer nach dem **Bestimmungslandprinzip** behandelt, unabhängig welche Person der Erwerber ist und welchen umsatzsteuerlichen Status er besitzt.

Hat der Abnehmer die maßgebende **Erwerbschwelle überschritten** bzw. auf ihre **Anwendung verzichtet**, so muss der liefernde Unternehmer die Ware als innergemeinschaftliche Lieferung **umsatzsteuerfrei** an den Abnehmer liefern. Der hat sie dann in seinem Mitgliedsstaat der **Erwerbsbesteuerung** zu unterwerfen.

Ob die Erwerbsschwelle beim Abnehmer überschritten ist bzw. er auf ihre Anwendung verzichtet hat – woran er im Übrigen zwei Kalenderjahre lang gebunden ist (§ 3c Abs. 4 UStG) –, ist für den liefernden Unternehmer so nicht erkennbar. Sofern der Erwerber mit seiner gültigen Umsatzsteuer-Identifikationsnummer des anderen Mitgliedslandes gegenüber dem Lieferer auftritt, kann dieser davon ausgehen, dass der Abnehmer die Voraussetzungen für die Erwerbsbesteuerung erfüllt und die Ware steuerfrei erwerben möchte.

Die Erwerbschwelle ist eine **Betragsgrenze**, bei deren Überschreiten der Abnehmer der Erwerbsbesteuerung im Bestimmungsland unterliegt und der liefernde Unternehmer die Ware steuerfrei als innergemeinschaftliche Lieferung liefert. Bei **Unterschreiten der Erwerbsschwelle** unterliegt der Abnehmer **nicht** der **Erwerbsbesteuerung** und der liefernde Unternehmer belastet gemäß dem Ursprungslandprinzip die Ware mit seiner nationalen (deutschen) Umsatzsteuer. Er darf nicht mehr steuerfrei, sondern nur noch steuerpflichtig liefern.

Abschließend ist hierzu noch mal deutlich herauszuheben, dass die Erwerbsschwelle nur auf den Abnehmerkreis des § 1a Abs. 3 bzw. § 3c Abs. 2 UStG zutrifft und nicht auf den *umsatzsteuerlichen Unternehmer* nach § 6a Abs. 1 UStG.

Ob die Erwerbschwelle unter- oder überschritten wurde, ergibt sich aus dem **Gesamtbetrag aller Entgelte ohne Umsatzsteuer für Lieferungen aus allen anderen Mitgliedsstaaten**. In der Bundesrepublik Deutschland beträgt die Erwerbsschwelle 12.500 € (§ 1a Abs. 3 Nr. 2 UStG). Sie wird jeweils von den einzelnen Mitgliedsstaaten festgelegt. Einer Auflistung der Erwerbsschwellen der einzelnen Mitgliedsstaaten befindet sich in der UStR 42j.

Fortführung des Beispiels von Seite 90 zur Gemeinde Bad Grund:

Um die Belastung der Gemeinde mit der 25% dänischen Umsatzsteuer zu verringern, empfiehlt sich, dass die Gemeinde auf die Anwendung der deutschen Erwerbsschwelle gem. § 1a Abs. 4 UStG verzichtet und sich eine deutsche Umsatzsteuer-Identifikationsnummer erteilen lässt.

Damit tritt sie dann gegenüber dem dänischen Möbelhersteller auf. Hierdurch dokumentiert sie dem Möbelhersteller, dass sie steuerfrei beliefert werden kann und der Geschäftsvorfall in Deutschland der Umsatzbesteuerung unterliegt.

Die Gemeinde hat dann im Rahmen der Erwerbsbesteuerung im Inland (Deutschland) nach § 1 Abs. 1 Nr. 5 iVm. § 1a UStG den Erwerb zu versteuern. Die Büromöbel unterliegen in Deutschland einem Steuersatz iHv. (nur) 19%, wodurch 6% Steuern im Vergleich gegenüber der dänischen Belastung gespart werden.

Die Gemeinde hat in dem Monat, in dem der Erwerb stattfindet, bei dem für sie zuständigen deutschen Finanzamt eine entsprechende Umsatzsteuer-Voranmeldung abzugeben und die Erwerbssteuer abzuführen (§ 18 Abs. 4a UStG).

Beispiel:

Der in Nürnberg niedergelassene selbständige Allgemeinmediziner Dr. Prätorius bezieht von einem Hersteller aus Luxemburg verschiedene medizinische Geräte für seine Praxis im Gesamtwert von

Fall 1: 7.000 € ohne Umsatzsteuer

Fall 2: 16.000 € ohne Umsatzsteuer.

Der Hersteller versendet die Geräte per Paketdienst an den Allgemeinmediziner. Dr. Prätorius führt in seiner Arztpraxis ausschließlich steuerbare Umsätze aus, die nach § 4 Nr. 14 UStG jedoch steuerbefreit sind, was zugleich zum Ausschluss des Vorsteuerabzuges nach § 15 Abs. 2 Nr. 1 UStG führt. Weitere Erwerbe innerhalb der Europäischen Union (Binnenmarkt) hat der Allgemeinmediziner im Vorjahr, wie im laufenden Kalenderjahr, nicht getätigt und auch nicht geplant. Ferner hat er nicht auf die Anwendung der Erwerbsschwelle verzichtet.

Lösungen:

Fall 1:

Der Allgemeinmediziner überschreitet nicht die deutsche Erwerbsschwellengrenze iHv. 12.500 € und hatte auch nicht auf ihre Anwendung verzichtet. Somit ist der Erwerb für ihn in Deutschland nach § 1 Abs. 1 Nr. 5 iVm. § 1a Abs. 3 UStG **nicht steuerbar**. Er hat die Lieferung nicht der Erwerbsbesteuerung zu unterwerfen.

Der Hersteller der medizinischen Geräte aus Luxemburg erbringt mit seiner Lieferung eine steuerbare und steuerpflichtige Lieferung in Luxemburg (Hinweis: Sofern er die dortige (luxemburgische) Lieferschwelle analog der Regelung des § 3c Abs. 3 UStG nicht überschreitet). Dem Netto-Warenwert iHv. 7.000 € muss der Hersteller demgemäß 15% (luxemburgische) Umsatzsteuer hinzuschlagen und Dr. Prätorius in Rechnung stellen.

Fall 2:

Der Allgemeinmediziner überschreitet mit der Bestellung die Erwerbschwelle iHv. 12.500 €, weil der Warenwert ohne Umsatzsteuer 16.000 € beträgt. Ob er auf die Anwendung der Erwerbsschwelle verzichtet hat, ist damit schon gegenstandslos geworden. Der Erwerb unterliegt in Deutschland der Erwerbsbesteuerung gemäß § 1a Abs. 3 UStG. Es fallen 19% deutsche Umsatz(erwerbs)steuer auf den Netto-Warenwert an. Der Hersteller hat seine Lieferung an Dr. Prätorius als innergemeinschaftliche Lieferung umsatzsteuerfrei zu erbringen.

17.1.8   Dokumentation und Nachweis der innergemeinschaftlichen Lieferung

Der liefernde Unternehmer hat die Voraussetzungen für das Vorliegen der innergemein-schaftlichen Lieferung nach § 6a UStG nachzuweisen (§ 6a Abs. 3 UStG). Der liefernde Un-ternehmer hat jedoch kein Recht, vom Erwerber einen Nachweis über die tatsächliche im Be-stimmungsland durchgeführte Erwerbsbesteuerung zu verlangen.[32]

Bei der Rechnungserteilung hat der leistende Unternehmer neben den allgemeinen Vorschrif-ten (§ 14 UStG) zu beachten, dass er in der Rechnung zum einen einen **Hinweis auf die Steuerbefreiung** mit aufnimmt und zum anderen sowohl die eigene als auch die **Umsatz-steuer-Identifikationsnummer** des Leistungsempfängers angibt (§ 14a Abs. 3 UStG).

Weitere Voraussetzung für die Steuerbefreiung ist gemäß § 6a Abs. 3 UStG, dass der leis-tende Unternehmer die innergemeinschaftliche Lieferung auch **beleg- und buchmäßig** nach-weisen kann (§§ 17a – 17c UStDV).

Nach § 17a Abs. 1 UStDV hat der liefernde Unternehmer durch **Belege** eindeutig und leicht nachprüfbar nachzuweisen, dass er oder der Abnehmer den Gegenstand der Lieferung in das übrige Gemeinschaftsgebiet befördert oder versendet hat.

Bei **Beförderungsfällen** (§ 3 Abs. 6 Satz 2 UStG) soll der liefernde Unternehmer den Be-legnachweis wie folgt führen (§ 17a Abs. 2 UStDV):
- Duplikat der Rechnung (§§ 14, 14a UStG)[33],
- einen handelsüblichen Beleg, aus dem sich der Bestimmungsort ergibt, bspw. in Form des Lieferscheines,
- eine Empfangsbestätigung des Abnehmers oder seines Beauftragten über die Ware und
- bei Abholung durch den Abnehmer eine Versicherung des Abnehmers oder seines Beauf-tragten, den Gegenstand der Lieferung tatsächlich in das übrige Gemeinschaftsgebiet zu befördern. Sofern der liefernde Unternehmer im Abholfall sich diese Versicherung nicht schriftlich erteilen lässt, verletzt er die Sorgfaltspflicht eines ordentlichen Kaufmanns. Er unterliegt dann nicht mehr der Vertrauensschutzregelung nach § 6a Abs. 4 UStG.

Bei **Versendungsfällen**, bei denen der Unternehmer oder der Abnehmer den Gegenstand der Lieferung in das übrige Gemeinschaftsgebiet durch einen selbständigen Beauftragten (bspw. Frachtführer, Spedition, Post) ausführen oder besorgen lässt (§ 3 Abs. 6 S. 3 UStG), soll der Nachweis durch den liefernden Unternehmer wie folgt geführt werden (§ 17a Abs. 4 UStDV):

---

[32]   Vgl. BMF vom 29.03.1996, in: BStBl. I, S. 458.

[33]   Ein Duplikat der Rechnung hat der liefernde Unternehmer, auch wenn er nicht zur Buchführung verpflichtet ist, **zehn Jahre** lang aufzubewahren (§ 14b Abs. 1 UStG).

- Duplikat der Rechnung (§§ 14, 14a UStG)
- Versendungsbeleg, bspw. in Form des Frachtbriefes, Konossements, Posteinlieferungsscheins, oder
- einen sonstigen handelsüblichen Beleg.

Der **buchmäßige Nachweis** der innergemeinschaftlichen Lieferung hat nach § 17c UStDV durch den liefernden Unternehmer regelmäßig durch folgende Aufzeichnung zu erfolgen:
- Name und Anschrift des Abnehmers (bei Lieferungen im Einzelhandel ggf. auch den Namen und die Anschrift des Beauftragten des Abnehmers),
- Gewerbezweig oder Beruf des Abnehmers,
- die handelsübliche Bezeichnung und die Menge des Gegenstandes der Lieferung,
- den Tag der Lieferung,
- das vereinbarte Entgelt und
- den Bestimmungsort im übrigen Gemeinschaftsgebiet.

Daneben ist der liefernde Unternehmer nach § 18 Abs. 4 UStG verpflichtet, vierteljährlich beim Bundeszentralamt für Steuern eine sog. *Zusammenfassende Meldung* (vgl. Gliederungspunkt 18) elektronisch abzugeben, in der er die steuerfreien innergemeinschaftlichen Warenlieferungen unter Angabe der Umsatzsteuer-Identifikationsnummern seiner Geschäftspartner anzeigt. Ferner hat er die Entgelte der steuerfreien innergemeinschaftlichen Lieferungen in seinen laufenden Umsatzsteuer-Voranmeldungen bzw. in seiner Umsatzsteuer-Jahreserklärung gesondert anzugeben (§ 18b UStG).

17.1.9 Unternehmensinternes Verbringen

Ein Sonderfall der innergemeinschaftlichen Lieferung stellt das innergemeinschaftliche **unternehmensinterne** Verbringen eines Gegenstandes in andere Betriebsteile **desselben Unternehmers** dar.

Hierbei wird aus dem Unternehmensbereich im Inland ein Gegenstand in das übrige Gemeinschaftsgebiet in den dortigen zum selben Unternehmer gehörenden Unternehmensbereich (bspw. Betriebsstätte) als Lieferung gegen Entgelt durch § 6a Abs. 2 UStG fingiert.[34]

Das Verbringen des Gegenstandes gilt
- in dem **Ausgangsmitgliedstaat** als **innergemeinschaftliche Lieferung** (§ 3 Abs. 1a UStG) und
- in dem **Bestimmungsmitgliedstaat** als **innergemeinschaftlicher Erwerb** (§ 1a Abs. 2 UStG).

---

[34] Der so genannte Innenumsatz bzw. das unternehmensinterne Verbringen von Gegenständen innerhalb des *Inlandes* stellt keinen umsatzsteuerlichen Vorgang bzw. keine steuerbare Lieferung dar, weil für den Leistungsaustausch die Dritte Person als Leistungsempfänger fehlt. Vergleiche die Ausführungen unter dem Gliederungspunkt 6.7. Dies gilt beim innergemeinschaftlichen Verbringen per Gesetz nicht.

Dabei gilt der Unternehmer im Ausgangsmitgliedstaat als Lieferer und im Bestimmungsmitgliedstaat als Erwerber (UStR 15b Abs. 1).

Unerheblich ist, ob der Unternehmer den Gegenstand selbst befördert oder die Beförderung durch ein selbständigen Beauftragten ausführen oder besorgen lässt (UStR 15b Abs. 3).

Der verbrachte Gegenstand muss im Bestimmungsmitgliedstaat dem Unternehmer **zu seiner Verfügung** stehen und darf ferner **nicht nur vorübergehend**, d.h., weniger als 24, 18, 12 oder 6 Monate in Abhängigkeit der Art des Gegenstandes, durch den Unternehmer verwendet werden (§ 3 Abs. 1a UStG; UStR 15b Abs. 12).

Bedeutsam wird diese Regelung in der Praxis bei Fällen, in denen der Gegenstand auf Dauer im unternehmerischen Bereich verwendet wird oder an Abnehmer weitergeliefert wird. Denn nicht zur Verfügung des Unternehmers steht der Gegenstand, wenn die Beförderung bzw. Versendung bspw. in Erfüllung einer innergemeinschaftlichen Lieferung erfolgt, weil der Gegenstand bereits bei Beginn der Beförderung verkauft war und – aus welchen Gründen auch immer – über die Betriebsstätte des Mitgliedsstaates an den Abnehmer gelangt.

Ein Gegenstand steht im Bestimmungsmitgliedstaat dem Unternehmer zu seiner Verfügung, wenn er dort auf Dauer im Unternehmensbereich verwendet (ertragsteuerlich bzw. bilanziell handelt es sich um Anlagevermögen) oder verbraucht wird (bspw. Rohstoffe).

Beispiel:

Ein polnischer Unternehmer aus Krakau verbringt mit betriebseigenem Lkw eine Maschine aus seinem Unternehmen in Polen in seinen Zweigbetrieb nach Deutschland, Gifhorn. Hier wird sie auf Dauer in der Produktion eingesetzt. Nach Polen zurück lädt der Lkw Heizöl, das die deutsche Betriebsstätte in Deutschland einkaufte und einlagerte. Das Heizöl soll in Krakau für die Heizung des betrieblichen Verwaltungsgebäudes nach und nach verbraucht werden.

Der polnische Unternehmer bewirkt mit dem Transport der Maschine von Polen nach Deutschland gemäß § 1a Abs. 2 UStG einen innergemeinschaftlichen Erwerb in Deutschland.

Das Verbringen des Heizöls von dem deutschen Unternehmensteil nach dem polnischen gilt in Deutschland als innergemeinschaftliche Lieferung nach § 3 Abs. 1a iVm. § 6a Abs. 2 UStG.

Aus polnischer Sicht liegt umsatzsteuerlich bei der Maschine eine innergemeinschaftliche Lieferung und bei dem Heizöl ein innergemeinschaftlicher Erwerb vor.

Eine **vorübergehende Verwendung** wird angenommen (UStR 15b Abs. 11), wenn
- der Gegenstand zur Ausführung einer im Bestimmungsland steuerbaren Werklieferung eingesetzt wird[35] oder
- im Zusammenhang mit einer sonstigen Leistung im Bestimmungsmitgliedstaat verwendet wird oder
- einer Materialbeistellung dient.
- An dem Gegenstand im Bestimmungsmitgliedstaat eine sonstige Leistung ausgeführt wird (bspw. Reparatur),
- der Gegenstand als Gesellschafterbeitrag einer Arbeitsgemeinschaft im Bestimmungsmitgliedstaat überlassen wird.

Von einer **befristeten Verwendung** des Gegenstandes ist auszugehen, wenn er bei einer entsprechenden Einfuhr aus einem Drittland in das Inland wegen einer nur vorübergehender Verwendung eine vollständige Befreiung von den Einfuhrabgaben erfahren würde (UStR 15b Abs. 12). Die jeweilige spezielle Verwendungsfrist bestimmt sich nach der Art des Gegenstandes, wobei die Höchstdauer der Verwendung grundsätzlich auf 24 Monate begrenzt ist. Für bestimmte Gegenstände gelten kürzere Verwendungsfristen von 18, 12 und 6 Monaten. Vergleiche im Einzelnen die Auflistung der Gegenstände in der UStR 15b Abs. 12.

Liegt nur eine vorübergehende bzw. unterhalb der Verwendungsfrist liegende Verwendung des Gegenstandes vor, liegt **kein innergemeinschaftliches Verbringen** mit seinen umsatzsteuerlichen Folgen der innergemeinschaftlichen Lieferung bzw. dem innergemeinschaftlichen Erwerb vor.

Die fiktive innergemeinschaftliche Lieferung als auch der fiktive innergemeinschaftliche Erwerb sind sowohl im Unternehmensteil des Ausgangsmitgliedstaates als auch im Bestimmungsmitgliedstaat in der Rechnungslegung aufzuzeichnen und entsprechend in der Umsatzsteuer-Voranmeldung bzw. der Jahreserklärung sowie in der Zusammenfassenden Meldung aufzunehmen.

17.1.10 Versandhandelsregelung

Die Versandhandelsregelung ist eine Sonderregelung, die in § 3c UStG verankert ist. Sie greift immer dann durch Verlagerung des Lieferortes ein, wenn der
- **Lieferer** die Gegenstände in den anderen Mitgliedstaat **versendet bzw. befördert** und
- der Erwerber dort **nicht** der **Erwerbsbesteuerung** unterliegt.

Die Warenbewegung zum Abnehmer in Form der Beförderung oder Versendung **muss** von dem **liefernden Unternehmer** veranlasst sein und nicht vom Abnehmer. Damit darf es sich auch nicht um Abholfälle durch den Abnehmer bzw. um einen Beauftragten von ihm handeln.

---

[35] Beispiel: Ein deutscher Bauunternehmer verbringt einen Baukran zu einer Baustelle nach Belgien und bringt ihn nach Fertigstellung des Bauwerkes wieder zurück nach Deutschland.

Die Vorschrift des § 3c UStG erfasst damit insbesondere den **Versandhandel**, wenngleich sie darauf nicht beschränkt ist. Hintergrund dieser Regelung ist, dass die Besteuerung des Letztverbrauchs durch private Abnehmer (Endverbraucher) und so genannter Halbunternehmer im Bestimmungsland sichergestellt werden soll.

Dazu wird durch § 3c UStG der Ort der Lieferung grundsätzlich an das **Ende der Beförderung bzw. Versendung** des Gegenstandes – in Abweichung zu § 3 Abs. 6-8 UStG[36] – verlagert und damit in das **Bestimmungsland**.

Bei der Warenbewegung darf es sich nicht um die Lieferung **neuer Fahrzeuge** handeln (§ 3c Abs. 5 UStG). Sie unterliegen ausnahmslos der Erwerbsbesteuerung im Bestimmungsland (§ 1b UStG). Die Versandhandelsregelung nach § 3c UStG ist bei Neufahrzeugen nicht anwendbar.

Bei dem zweiten Tatbestandsmerkmal des § 3c UStG, neben der ausschließlichen Versand- bzw. Beförderungsveranlassung durch den Lieferer, werden neben den Privatpersonen (§ 3c Abs. 2 Nr. 1 UStG) auch die Halbunternehmer erfasst (§ 3c Abs. 2 Nr. 2 UStG). Als Halbunternehmer wird der Personkreis bezeichnet, der

- die tatbestandsmäßigen Voraussetzungen des innergemeinschaftliches Erwerbs nicht erfüllt und
- auch nicht für die Erwerbsbesteuerung optiert hat.

Dieser Personenkreis ist identisch mit dem in § 1a Abs. 3 Nr. 1 UStG. Im Einzelnen handelt es sich um

- Unternehmer, die nur steuerfreie und vorsteuerschädliche Umsätze ausführen (bspw. Ärzte, Krankenhäuser, Banken, Versicherungen, Wohnungsvermieter),
- Kleinunternehmer,
- Unternehmer, die der Pauschalversteuerung für land- und forstwirtschaftliche Betriebe unterliegen, oder
- juristische Personen, die für ihren nicht-unternehmerischen Bereich erwerben (bspw. Bund, Länder, Gemeinden, Vereine).

Damit der § 3c UStG bei den vorstehenden so genannten Halbunternehmern zur Anwendung kommt und der Ort der Lieferung im Bestimmungsland liegt, dürfen die Abnehmer weder ihre Erwerbschwelle des jeweiligen Mitgliedsstaates überschritten, noch für die Erwerbsbesteuerung optiert haben.

Die Betragsgrenzen der Erwerbsschwellen der einzelnen Mitgliedsstaaten sind in der UStR 42j aufgelistet. Sie weichen zum Teil erheblich voneinander ab. Beispielsweise beträgt die deutsche Erwerbschwelle für Waren aus anderen Mitgliedsstaaten, die in das Inland (Deutschland) versendet/ befördert werden 12.500 € (§ 1a Abs. 3 Nr. 2 UStG). Im Vergleich dazu beträgt die Erwerbsschwelle bspw. von Irland 41.000 € und die von Italien 8.263,31 €.

---

[36] Nach § 3 Abs. 5a UStG hat der § 3c UStG Vorrang vor den allgemeinen Ortsbestimmungen der Absätze 6 bis 8 des § 3 UStG.

Bei **verbrauchssteuerpflichtigen Waren** (§ 1a Abs. 5 S. 2 UStG) ergibt sich eine Besonderheit: Ihre Lieferung unterliegt immer dann der Versandhandelsregelung des § 3c Abs. 1 UStG, wenn der Abnehmer eine **Privatperson** ist. Ob der liefernde Unternehmer hierbei die Lieferschwelle überschritten oder auf ihre Anwendung verzichtet hat, ist bei verbrauchssteuerpflichtigen Waren unerheblich. Der liefernde Unternehmer muss die Besteuerung im **Bestimmungsland** vornehmen.

Beispiel:

Ein Weinhändler aus Cochem an der Mosel versendet mittels Paketdienst sechs bestellte Flaschen Weißwein im Karton an den Privatmann Ben Drunk in Plymouth, England.

Die Lieferung des Weins ist in Deutschland nicht umsatzsteuerbar, weil der Ort der Lieferung nach § 3c Abs. 1 UStG in Plymouth, England, liegt, da dort die Versendung endet.

Nach analogen englischem Umsatzsteuerrecht ist die Lieferung in England steuerbar und umsatzsteuerpflichtig. Der Weinhändler aus Cochem hat daher eine Rechnung mit englischer Umsatzsteuer an seinen Kunden auszustellen und die Umsatzsteuer auch an die dortigen Finanzbehörden abzuführen. Er ist damit dann auch gegenüber den englischen Finanzbehörden erklärungs- und abgabenpflichtig.

Erfolgt die Lieferung der verbrauchssteuerpflichtigen Waren an Halbunternehmer gilt § 3c UStG nicht. In dieser Situation ist zu klären, ob die Erwerbschwelle überschritten wurde bzw. zu ihr optiert wurde oder nicht. Hierauf und auf den weiteren steuerlichen Prüfungs- und Verfahrensablauf wird jedoch nicht weiter eingegangen.

17.2 Innergemeinschaftliche Erwerbe

Die Schaffung des europäischen Binnenmarktes und der Wegfall der Grenzzollstellen haben dazu geführt, dass grenzüberschreitende Leistungen im Binnenmarkt nicht mehr der **Einfuhrumsatzbesteuerung** unterliegen.

Im Rahmen einer Übergangsregelung wird der kommerzielle Warenverkehr in der Europäischen Union (momentan) nach dem **Bestimmungslandprinzip** besteuert.

Danach sind Warenerwerbe grundsätzlich erst im Bestimmungsland mit der (nationalen) Umsatzsteuer zu belasten. Die Folge daraus ist, dass die Lieferung eines Gegenstandes durch einen Unternehmer eines EU-Mitgliedsstaates in einen anderen EU-Mitgliedsstaat beim Erwerber als **innergemeinschaftlicher Erwerb** der Umsatzsteuer unterliegt, dies aber nur soweit, wie es sich um
- einen Unternehmer oder
- eine juristische Person

als **Leistungsempfänger** handelt. Dies ist die Besonderheit beim innergemeinschaftlichen Warenverkehr, dass der **Steuerschuldner** der **Erwerber** (Käufer der Ware) und nicht der Lieferer ist, denn der liefert umsatzsteuerfrei.

Auch die innergemeinschaftlichen Erwerbe erfassen bzw. unterteilen sich in verschiedene Fälle, die von ihren Tatbestandsvoraussetzungen spiegelbildlich den innergemeinschaftlichen Lieferungen entsprechen:

1. Lieferungen von **anderen umsatzsteuerlichen Unternehmern** aus dem übrigen Gemeinschaftsgebiet in das Inland (Gliederungspunkt 17.2.1),
2. die **Lieferung neuer Kraftfahrzeuge** aus dem übrigen Gemeinschaftsgebiet in das Inland (Gliederungspunkt 17.2.3) und
3. das **unternehmensinterne Verbringen von Gegenständen** aus dem übrigen Gemeinschaftsgebiet in das Inland (Gliederungspunkt 17.2.4).

17.2.1   Lieferungen von anderen umsatzsteuerlichen Unternehmern gegen Entgelt

Der liefernde Unternehmer wird bei der innergemeinschaftlichen Lieferung (§ 6a UStG) – wie in den vorhergehenden Gliederungspunkten ausgeführt – von der Umsatzsteuer befreit.

Der **Leistungsempfänger** (Käufer der Ware) hingegen muss seinen Erwerb der Umsatzbesteuerung nach § 1 Abs. 1 Nr. 5 iVm. § 1a UStG und § 3d UStG als Vorschrift zur Ortsbestimmung[37/38] als **innergemeinschaftlichen Erwerb** der Umsatzsteuer unterwerfen (sofern der Erwerb nicht nach § 4b UStG steuerbefreit ist).

Damit haben Unternehmer einen innergemeinschaftlichen Erwerb als steuerbaren Umsatz (§ 1 Abs. 1 Nr. 5 UStG) hier in der Bundesrepublik Deutschland mit dem deutschen Umsatzsteuersatz (7%/19%) – sofern er nicht nach § 4b UStG steuerbefreit ist – zu versteuern. Insofern entsprechen die tatbestandsmäßigen Voraussetzungen der innergemeinschaftlichen Lieferung spiegelbildlich denen des innergemeinschaftlichen Erwerbs.

Die Umsatzbesteuerung erfolgt beim innergemeinschaftlichen Erwerb also erst beim Erwerber, mithin erst im **Bestimmungsland** der Ware. Um die Doppelbesteuerung mit Umsatzsteuer zu vermeiden, muss die innergemeinschaftliche Lieferung im Ursprungsland folglich von der Umsatzsteuer befreit werden, was in Deutschland durch § 4 Nr. 1b UStG erfolgt und analog auch in den übrigen Gemeinschaftsgebieten so geregelt ist.

Der Erwerber hat zwar den innergemeinschaftlichen Erwerb zu versteuern, kann die gezahlte Umsatzsteuer aber als **Vorsteuer** nach § 15 Abs. 1 Nr. 3 UStG gegenüber dem Finanzamt wieder geltend machen. Hierdurch wird der erwerbende Unternehmer wieder entlastet und Wettbewerbsneutralität hergestellt. Bemessungsgrundlage des innergemeinschaftlichen Erwerbs ist nach § 10 Abs. 1 S. 1 UStG das **Entgelt**.

---

[37] Durch § 3d UStG wird der Ort der Lieferung an das Ende der Beförderung/ Versendung gelegt, also in das Bestimmungsland des Gegenstandes.

[38] Die Umsatzsteuervorschriften zu den innergemeinschaftlichen Warenbewegungen gelten analog auch in den übrigen Gemeinschaftsgebieten. Sie wurden zwischen den Mitgliedsstaaten aufeinander abgestimmt.

Beispiel:

Die Kaufhaus AG, Bremen, kauft unter Angabe ihrer deutschen Umsatzsteuer-Identifikationsnummer bei einer tschechischen Porzellanmanufaktur 100 Kaffeeservices, die sie ihren Kunden in Bremen zum Verkauf anbieten will. Der Nettokaufpreis inklusive Anlieferung nach Bremen durch eine Spedition beträgt 3.000 €.

Aufgabe: Nehmen Sie eine umsatzsteuerliche Beurteilung des vorliegenden Sachverhaltes vor!

Die tschechische Porzellanmanufaktur tätigt eine steuerfreie innergemeinschaftliche Lieferung an die Kaufhaus AG in Bremen.[39] In ihrer Rechnung an die Kaufhaus AG muss sie ihre eigene Umsatzsteuer-Identifikationsnummer und die der Kaufhaus AG angeben. Ferner darf die tschechische Porzellanmanufaktur keine Umsatzsteuer in Rechnung stellen und muss einen Hinweis auf die Steuerfreiheit der Lieferung in der Rechnung aufnehmen.

Für die Kaufhaus AG in Bremen liegt ein steuerbarer innergemeinschaftlicher Erwerb vor, weil alle Tatbestandsmerkmale des § 1 Abs. 1 Nr. 5 iVm. § 1a Abs. 1 UStG erfüllt sind: Der Gegenstand der Lieferung (Kaffeeservices) an den Abnehmer (Kaufhaus AG) gelangt aus dem Gebiet eines Mitgliedsstaates (Tschechien) in das Gebiet eines anderen Mitgliedsstaates (Deutschland) und der Erwerber (Kaufhaus AG) ist ein Unternehmer, der den Gegenstand für sein Unternehmen (Verkauf an Kunden) erworben hat und die Lieferung an den Erwerber (Kaufhaus AG) wird durch einen Unternehmer (Porzellanmanufaktur) gegen Entgelt (3.000 €) im Rahmen seines Unternehmens (Verkauf von Porzellan) ausgeführt. Nach § 3d UStG endet die Versendung in Bremen, wodurch der Ort der Lieferung in Deutschland liegt. Damit liegt ein innergemeinschaftlicher Erwerb nach § 1 Abs. 1 Nr. 5 UStG vor.

Da der Erwerb von Porzellan nach § 4b UStG nicht steuerbefreit ist, unterliegt er der Erwerbsbesteuerung. Der Steuersatz ist nach § 12 UStG nicht ermäßigt, so dass 19% anfallen. Die Bemessungsgrundlage ist das Entgelt (= 3.000 €; § 10 Abs. 1 UStG). Somit entstehen 570 € Umsatzsteuer (= 3.000 € * 19%).

Die Steuer entsteht mit Ausstellung der Rechnung, spätestens jedoch mit Ablauf des dem Erwerb folgenden Kalendermonats (§ 13 Abs. 1 Nr. 6 UStG).

Die Kaufhaus AG kann die Umsatzsteuer iHv. 570 € wieder als Vorsteuer gegenüber der Finanzkasse geltend machen und zwar ab dem Zeitpunkt, in dem die Erwerbssteuer (Umsatzsteuer) auf den innergemeinschaftlichen Erwerb entstanden ist. Das Vorliegen einer Rechnung ist für den Vorsteuerabzug in diesem Fall nicht erforderlich (§ 15 Abs. 1 Nr. 3 UStG).

---

[39] Nach analogem tschechischen Recht liegt nach § 1 Abs. 1 Nr. 1 iVm. § 3 Abs. 1 UStG eine Lieferung gegen Entgelt vor, deren Ort nach § 3 Abs. 5a iVm. Abs. 6 S. 1 UStG in Tschechien liegt. Der Umsatz ist steuerbar, aber durch § 4 Nr. 1b UStG steuerbefreit, da es sich nach § 6a UStG um eine innergemeinschaftliche Lieferung handelt.

Dieser dargestellte Ablauf bei der innergemeinschaftlichen Lieferung bzw. beim innerge-meinschaftlichen Erwerb und seine steuerlichen Folgen gelten genauso auch umgedreht für Unternehmer in den anderen Mitgliedsstaaten der Europäischen Union.

Ein Leistungsvorgang führt in zwei verschiedenen Gemeinschaftsstaaten damit zu unter-schiedlichen, sich gegenseitig aber bedingenden, Rechtsfolgen. Möglich wird dies durch ein gemeinsames Mehrwertsteuersystem, das in allen Mitgliedsstaaten der Europäischen Union verbindlich gilt. Hierdurch werden **Verschiebungen des Mehrwertsteueraufkommens** in-nerhalb der einzelnen Mitgliedsstaaten vermieden, die sich ansonsten aufgrund der uneinheit-lichen Steuersätze zwangsläufig ergeben würden.

Diese dargestellten Regelungen gelten für den betrieblichen Bereich, d.h. die innergemein-schaftlichen Lieferungen bzw. Erwerbe erfolgen zwischen umsatzsteuerlichen Unterneh-mern. Sofern die Lieferungen aber an **Endverbraucher** erfolgen, unterliegen sie grundsätz-lich dem **Ursprungslandprinzip**. Dies bedeutet, dass der Käufer (Endverbraucher) die im Kaufland geltende Mehrwertsteuer (Umsatzsteuer) zu zahlen bzw. wirtschaftlich zu tragen hat. Er bleibt mit dieser Steuer auch endgültig belastet. Es kommt nicht zum Ansatz des Um-satzsteuersatzes seines Heimatlandes.[40] Deshalb werden Privatreisende aus einem Mitglieds-staat der europäischen Union, die Waren für den Privatbedarf in einem anderen europäischen Mitgliedsland kaufen, an den europäischen Binnengrenzen nicht mehr kontrolliert. Sie haben die beim Kauf der Ware im Kaufland geltende Mehrwertsteuer gezahlt und unterliegen – bis auf verbrauchssteuerpflichtige Waren[41] und Neufahrzeugen[42] – seit dem 1.1.1993 keinen Wert- oder Mengenbeschränkungen mehr.

17.2.2   Erwerbsbesteuerung und Erwerbsschwellen

Von der Erwerbsbesteuerung gibt es Ausnahmen. Betroffen sind hiervon die schon zuvor an-gesprochenen Halbunternehmer. Dies sind (§ 1a Abs. 3 UStG):
- Unternehmer, die nur steuerfreie und vorsteuerschädliche Umsätze ausführen (bspw. Ärz-te, Krankenhäuser, Banken, Versicherungen, Wohnungsvermieter),
- Kleinunternehmer,
- Unternehmer, die der Pauschalversteuerung für land- und forstwirtschaftliche Betriebe unterliegen, oder
- juristische Personen, die für ihren nicht-unternehmerischen Bereich erwerben (bspw. Bund, Länder, Gemeinden, Vereine).

---

[40] Einzige Ausnahme: Sofern Privatpersonen bestimmte Neufahrzeuge im übrigen europäischen Gemeinschafts-gebiet kaufen und in das (deutsche) Inland verbringen, entsteht (deutsche) Umsatzsteuer.

[41] Unter die verbrauchssteuerpflichtigen Waren fallen Alkohol und alkoholische Getränke, Tabakwaren und Mine-ralöle; § 1a Abs. 5 UStG.

[42] Vgl. § 1b UStG.

Dieser Personenkreis hat innergemeinschaftliche Erwerbe nur dann zu versteuern, wenn sie
- die (deutsche) Erwerbschwelle iHv. 12.500 € im laufenden Kalenderjahr voraussichtlich übersteigen werden oder schon haben oder
- im vorangegangenen Kalenderjahr überschritten hatten (§ 1a Abs. 3 UStG) oder
- wenn sie zur Erwerbsbesteuerung optiert haben (§ 1a Abs. 4 UStG).

Hat der vorstehende Personenkreis die Erwerbschwelle im laufenden und vorangegangenen Kalenderjahr nicht überschritten und auch nicht zur Erwerbsbesteuerung optiert, liegt kein innergemeinschaftlicher Erwerb vor, der die Besteuerung im Bestimmungsland (Erwerbsbesteuerung) auslöst.

Weitergehend soll auf die Erwerbsbesteuerung bzw. auf die Erwerbschwelle an dieser Stelle nicht eingegangen werden. Es wird auf die bereits zu diesem Thema erfolgten Ausführungen unter Gliederungspunkt 17.1.7, Seite 93 verwiesen.

17.2.3 Erwerb neuer Kraftfahrzeuge

Sofern beim entgeltlichen Erwerb eines neuen Fahrzeugs, das Fahrzeug aus dem Gebiet eines Mitgliedsstaates in das Gebiet eines anderen Mitgliedsstaates gelangt, liegt ein **steuerpflichtiger innergemeinschaftlicher Erwerb** vor, der der **Erwerbsbesteuerung** nach § 1b Abs. 1 iVm. § 1a Abs. 1 Nr. 1 UStG unterliegt.

Hiervon betroffen sind Privatpersonen, nicht-unternehmerisch tätige Personenvereinigungen und Unternehmer, die das Fahrzeug für ihren nicht-unternehmerischen Bereich beziehen. Damit wird der private Endverbraucher (Erwerber) eines neuen Fahrzeuges wie ein Unternehmer behandelt.

Die Erwerbschwelle gilt beim innergemeinschaftlicher Erwerb neuer Fahrzeuge nicht (§ 1a Abs. 5 UStG).

Sofern Unternehmer für ihren unternehmerischen Bereich neue Kraftfahrzeuge beziehen, die aus einem anderen Mitgliedsstaat in das Inland gelangen, liegt ebenfalls ein innergemeinschaftlicher Erwerb vor. Nicht jedoch nach § 1b UStG, sondern nach der grundsätzlichen Regelung des innergemeinschaftlichen Erwerbes nach § 1a UStG.

Hinsichtlich der Definition, wann ein neues Kraftfahrzeug vorliegt, wird auf die bereits hierzu gemachten Ausführungen unter dem Gliederungspunkt 17.1.5, auf Seite 91 verwiesen.

Die Erwerber von Neufahrzeugen müssen die Erwerbsbesteuerung bei ihren örtlich zuständigen Finanzämtern entweder durch die laufend abzugebende Umsatzsteuer-Voranmeldung vornehmen oder bei Abnehmern ohne Umsatzsteuer-Identifikationsnummer (bspw. Privatpersonen) im Rahmen der Fahrzeugeinzelbesteuerung gemäß § 16 Abs. 5a UStG.

17.2.4   Unternehmensinternes Verbringen

Als **innergemeinschaftlicher Erwerb** gegen Entgelt gilt auch das (dauerhafte) Verbringen eines Gegenstandes des Unternehmens aus dem übrigen Gemeinschaftsgebiet in das Inland durch den Unternehmer zu seiner Verfügung. Ausgenommen hiervon ist nur eine vorübergehende Verwendung. Hierbei gilt der Unternehmer zugleich als Lieferer (§ 3 Abs. 1a UStG) und als Erwerber (§ 1a Abs. 2 UStG).

Beispiel:

Der deutsche Möbelhändler Lehmann hat in seinen Verkaufsräumen in Kerkrade/ Niederlande verschiedene Sitzgarnituren schon seit Monaten im Angebot, die von den Kunden jedoch nicht nachgefragt werden. Daraufhin entschließt sich Lehmann die Sitzgarnituren per eigenem Lkw nach Duisburg in seine dortige Zweigstelle bringen zu lassen, um sie dort der deutschen Kundschaft anzubieten.

Mit dem Verbringen der Möbelstücke von den Niederlanden nach Deutschland liegt ein rechtsgeschäftsloses Verbringen von Gegenständen des Unternehmens bzw. von Unternehmensvermögen aus dem Gebiet eines anderen Mitgliedsstaates der Europäischen Union in das Inland (Deutschland) vor. Die Ortsbestimmung erfolgt nach § 3d UStG, wonach der innergemeinschaftliche Erwerb in dem Mitgliedsstaat bewirkt wird, in dem sich der Gegenstand am Ende der Beförderung/ Versendung befindet. Gemäß Sachverhalt ist dies Duisburg/ Deutschland. Die in das Inland verbrachten Möbelstücke verbleiben nicht nur zur vorübergehenden Verwendung im Inland und bleiben im Rahmen des Unternehmens von Lehmann.

Hiermit sind die Tatbestandsvoraussetzungen des § 1a Abs. 2 UStG erfüllt. Es liegt ein per Gesetz fingierter innergemeinschaftlicher Erwerb gegen Entgelt vor, der der Erwerbsbesteuerung im Bestimmungsland – hier Deutschland – unterliegt. Lehmann gilt als Erwerber und hat den nach § 1 Abs. 1 Nr. 5 iVm. § 1a Abs. 2 UStG steuerbaren Umsatz, der mangels Steuerbefreiung nach den allgemeinen Vorschriften gemäß § 12 UStG mit 19% Umsatzsteuer steuerpflichtig ist, zu versteuern.

Hinweis:

Ob Lehmann als Möbelhändler deutscher oder niederländischer Staatsbürger ist, ist beim innergemeinschaftlichen Erwerb unerheblich. Genauso wie die Tatsache, ob es sich bei den Unternehmensteilen in den einzelnen Mitgliedsstaaten um Zweig- oder Hauptniederlassungen handelt. Entscheidend ist, dass zwischen verschiedenen Unternehmensteilen in verschiedenen Mitgliedsstaaten – egal welchen Status sie haben – das Verbringen der Gegenstände erfolgte.

Beim innergemeinschaftlicher Erwerb entsteht die Steuer zum Zeitpunkt der Ausstellung der Rechnung, spätestens jedoch mit Ablauf des dem Erwerb folgenden Kalendermonats (§ 13 Abs. 1 Nr. 6 UStG).

Die Bemessungsgrundlage beim innergemeinschaftlichen Erwerb bestimmt sich nach dem **Einkaufspreis zuzüglich der Nebenkosten** für den Gegenstand. Sofern kein Einkaufspreis vorhanden sein sollte[43], ist die Bemessungsgrundlage nach den **Selbstkosten** zu bestimmen (§ 10 Abs. 4 Nr. 1 UStG). Der Einkaufspreis bzw. die Selbstkosten sind jeweils ohne Umsatzsteuer (Vorsteuer) zu ermitteln.

Zu weiteren Einzelheiten des innergemeinschaftlichen unternehmensinternen Verbringens wird auf die bereits getätigten Ausführungen unter dem Gliederungspunkt 17.1.9, Seite 97 verwiesen.

Fragen und Lösungen

1. Was ist eine innergemeinschaftliche Warenbewegung?
   Eine innergemeinschaftliche Warenbewegung setzt sich aus der *innergemeinschaftlichen Lieferung* und dem *innergemeinschaftlichen Erwerb* zusammen. Jeder Lieferung aus einem Mitgliedsstaat der Europäischen Union steht ein Erwerb in einem anderen Mitgliedsstaat der Europäischen Union gegenüber. Lieferung und Erwerb sind innerlich verbunden und erfolgen zwischen Unternehmern aus zwei verschiedenen Mitgliedsstaaten.

2. Wie wird die innergemeinschaftliche Warenbewegung im Rahmen der Umsatzsteuer behandelt?
   Die innergemeinschaftliche Lieferung nach § 6a UStG ist gemäß § 4 Nr. 1b UStG steuerbefreit. Der innergemeinschaftliche Erwerb hingegen unterliegt nach § 1 Abs. 1 Nr. 5 UStG der Umsatzsteuer, sofern er nicht nach § 4b UStG steuerbefreit ist. Diese Regelung, dass die Lieferung im Ursprungsland, dort wo die Beförderung/ Versendung beginnt, steuerfrei gestellt wird und die Umsatzbesteuerung im Zielland erfolgt, wird *Bestimmungslandprinzip* genannt.

3. Wozu führt das *Bestimmungslandprinzip* im Geschäftsverkehr?
   Das Bestimmungslandprinzip führt dazu, dass die erhaltene Lieferung nicht mit dem Umsatzsteuersatz des Lieferlandes belastet ist, sondern mit dem des Empfängerlandes. Sofern die Umsatzsteuer als Vorsteuer abziehbar ist, wird der Leistungsempfänger vollständig entlastet und somit Wettbewerbsneutralität zwischen den einzelnen Mitgliedsstaaten hergestellt.

4. Stellen Sie die umsatzsteuerliche Behandlung beim Leistungsempfänger eines *innergemeinschaftlichen Erwerbes* dar?
   Der Leistungsempfänger hat nach § 1 Abs. 1 Nr. 5 UStG grundsätzlich die erhaltene Lieferung zu versteuern. Er kann die gezahlte Umsatzsteuer aber als Vorsteuer gem. § 15 Abs. 1 Nr. 3 UStG gegenüber der Finanzkasse wieder geltend machen.

---

[43] Bspw. weil der Gegenstand selbst hergestellt wurde.

5. Was hat der Lieferer bei der Rechnungsstellung im Rahmen einer innergemeinschaftlichen Warenbewegung zu beachten?

   Bei der innergemeinschaftlichen Lieferung hat der Rechnungsaussteller neben den allgemeinen Vorschriften zur Rechnung (§ 14 UStG) insbesondere die Steuerbefreiung in der Rechnung zu vermerken und seine eigene Umsatzsteuer-Identifikationsnummer sowie die des Leistungsempfängers anzugeben.

6. Stellen Sie die umsatzsteuerliche Behandlung einer innergemeinschaftlichen Lieferung dar, bei der der Abnehmer eine Privatperson ist.

   Bei der Warenbewegung von einem Unternehmer an eine Privatperson kann es sich umgangssprachlich zwar um eine innergemeinschaftliche Lieferung handeln, bei der die Ware von einem Mitgliedsstaat in einen anderen befördert/ versendet wird. Umsatzsteuerlich hingegen handelt es sich um keine innergemeinschaftliche Lieferung, weil der Abnehmer eine Privatperson ist und damit die Tatbestandsvoraussetzung des § 6a Abs. 1 Nr. 2a UStG nicht erfüllt. Hierdurch liegt für den leistenden Unternehmer dann ein steuerbarer Umsatz nach § 1 Abs. 1 Nr. 1 UStG vor, deren Ort der Lieferung sich grundsätzlich nach § 3 Abs. 5a iVm. Abs. 6 S. 1 UStG bestimmt, wonach nach der Ort der Lieferung dort liegt, wo die Beförderung/ Versendung beginnt. Sofern der steuerbare Umsatz nicht steuerbefreit ist, wird er auch steuerpflichtig. Der leistende Unternehmer hat dann eine Rechnung mit seiner nationalen Umsatzsteuer an den privaten Endabnehmer im anderen Mitgliedsstaat zu stellen.

7. Stellen Sie die umsatzsteuerliche Behandlung der Lieferung eines neuen Fahrzeuges von einem Mitgliedsstaat der Europäischen Union in das übrige Gemeinschaftsgebiet dar.

   Die Lieferung stellt auf der einen Seite im Ausgangsmitgliedsstaat des neuen Fahrzeuges stets eine umsatzsteuerfreie innergemeinschaftliche Lieferung dar, die auf der anderen Seite im Bestimmungsland des Fahrzeuges bei dem Erwerber immer einen steuerpflichtigen innergemeinschaftlichen Erwerb auslöst. Keine Rolle spielt hierbei, ob es sich bei dem Erwerber um einen umsatzsteuerlichen Unternehmer oder um eine Privatperson handelt.

8. Bitte nehmen Sie bei folgendem Sachverhalt eine umsatzsteuerliche Beurteilung vor:

   Ein Unternehmer verlagert Teile seiner Produktion von Deutschland nach Bulgarien. In diesem Zusammenhang lässt er auch eine Produktionsmaschine per Spedition aus der deutschen Betriebsstätte in die bulgarische verbringen.

   Umsatzsteuerliche Beurteilung: Bei dem vorliegenden Fall handelt es sich um ein unternehmensinternes Verbringen eines Gegenstandes desselben Unternehmers. Hierbei gilt das Verbringen des Gegenstandes in dem Ausgangsmitgliedsstaat (Deutschland) als innergemeinschaftliche Lieferung und in dem Bestimmungsmitgliedsstaat (Bulgarien) als innergemeinschaftlicher Erwerb (§ 3 Abs. 1a UStG; § 1a Abs. 2 UStG).

   Dass hierbei der Unternehmer den Gegenstand nicht selbst befördert/ versendet, sondern durch ein selbständigen Beauftragten (Spedition) durchführen lässt, ist für die vorstehende Beurteilung unerheblich.

   Dass der nach Bulgarien überführte Gegenstand (Produktionsmaschine) dort nicht nur zur vorübergehenden Verfügung des Unternehmers steht, kann beim Einsatz in der Produktion unterstellt werden, wenngleich im Sachverhalt hierzu kein Zeitraum angegeben ist.

Somit erbringt der Unternehmer in Deutschland eine steuerfreie innergemeinschaftliche Lieferung, die in Bulgarien zu einem steuerpflichtigen innergemeinschaftlichen Erwerb führt. Dort kann er nach analogem bulgarischen Umsatzsteuerrecht die Umsatzsteuer wieder als Vorsteuer geltend machen.

9. Erklären Sie die so genannte umsatzsteuerliche Versandhandelsregelung.

Bei der Versandhandelsregelung muss der leistende Unternehmer die Gegenstände in das übrige Gemeinschaftsgebiet versenden bzw. befördern. Zwar kann er sich hierzu auch eines Beauftragten bedienen, ausgeschlossen muss hierbei jedoch sein, dass der Erwerber die Ware beim leistenden Unternehmer selber abholt bzw. durch einen Beauftragten abholen läßt (Abholfall).

Ferner darf bei der Versandhandelsregelung der Erwerber nicht der Erwerbsbesteuerung in dem anderen Mitgliedsstaat unterliegen und bei der Warenbewegung darf es sich nicht um die Lieferung neuer Fahrzeuge handeln. Liegt danach ein Versandhandel vor, bestimmt § 3c UStG, dass der Ort der Lieferung an das Ende der Beförderung/ Versendung verlagert wird. Hierdurch gilt in Folge das nationale Umsatzsteuerrecht des jeweiligen Bestimmungslandes und nicht mehr das des Lieferers. Der Erwerber hat dann die in dem jeweiligen Mitgliedsstaat geltende Umsatzsteuerlast zu tragen.

18 Umsatzsteuer-Identifikationsnummer und Zusammenfassende Meldung

Die Umsatzsteuer-Identifikationsnummer (kurz: USt-IdNr.) berechtigt einen Unternehmer zur Teilnahme an den **innergemeinschaftlichen Warenbewegungen** in Form der steuerfreien innergemeinschaftlichen Lieferungen (§ 6a iVm. § 4 Nr. 1b UStG) und den grundsätzlich steuerpflichtigen[44] innergemeinschaftlichen Erwerben (§ 1 Abs. 1 Nr. 5 UStG).

Die Umsatzsteuer-Identifikationsnummer ist nicht mit der Steuernummer zu verwechseln, die für die Ertragssteuern oder für die Umsatzsteuer von den örtlichen Finanzämtern vergeben wird. Die Umsatzsteuer-Identifikationsnummer wird durch das *Bundeszentralamt für Steuern*, mit Dienstsitz in Saarlouis, und nicht durch das örtlich zuständige Finanzamt erteilt. Den Antrag auf Erteilung einer USt-IdNr. hat der Unternehmer schriftlich und grundsätzlich beim *Bundeszentralamt für Steuern*[45] zu stellen.

Die Umsatzsteuer-Identifikationsnummer soll die korrekte Anwendung der umsatzsteuerlichen Regelungen im europäischen Binnenmarkt für die innergemeinschaftlichen Warenbewegungen gewährleisten. Es soll sichergestellt werden, dass innergemeinschaftliche Lieferungen und Erwerbe entsprechend den unter Gliederungspunkt 17 dargestellten Grundsätzen versteuert werden. Insofern benötigt jeder Unternehmer[46], der am grenzüberschreitenden Warenverkehr des Binnenmarktes teilnimmt, eine Umsatzsteuer-Identifikationsnummer, so dass auch entsprechende Identifikationsnummern von den anderen europäischen Mitgliedsstaaten an die dortigen Unternehmer vergeben werden. Jede Nummer wird im Gemeinschaftsgebiet einmalig vergeben. Sie bleibt unverändert, auch wenn sich die Steuernummer beim Wechsel des Finanzamtes ändert, bspw. durch eine Sitzverlegung des Unternehmens.

Die innergemeinschaftlichen Warenbewegungen innerhalb des Binnenmarktes der europäischen Union werden von den europäischen Finanzbehörden der einzelnen Mitgliedsstaaten

---

[44] Hinsichtlich der Steuerbefreiungen beim innergemeinschaftlichen Erwerb siehe § 4b UStG.

[45] Bundeszentralamt für Steuern, Dienstsitz Saarlouis, 66738 Saarlouis, Tel.: 06831/456-0, Fax: 06831-456-120, E-Mail: poststelle-saarlouis@bzst.bund.de, Internet: www.bzst.bund.de.

[46] Hinweis: Private Fahrzeuglieferer, die Neufahrzeuge in andere EU-Länder liefern, erhalten keine Umsatzsteuer-Identifikationsnummer.

abgeglichen, um insbesondere die Einhaltung des **Bestimmungslandsprinzips**[47] zu kontrollieren und damit zu gewährleisten. Um den Abgleich der Warenbewegungen in der Europäischen Union – mit ihren nunmehr aktuell 27 Mitgliedsstaaten[48] – praktisch durchführen zu können, wurde – mit Wegfall der Warengrenzen ab dem 1. Januar 1993 – die Umsatzsteuer-Identifikationsnummer im Gemeinschaftsgebiet eingeführt.

Vor diesem Stichtag hat die Zollverwaltung, zumeist an der Staatsgrenze, Einfuhrumsatzsteuer auf die eingeführten Waren festgesetzt. Seit dem Wegfall der Warengrenzen und dem damit auch verbundenen Wegfallen der Grenzkontrollstellen müssen die Unternehmer ihre **Warenkäufe** in anderen EU-Ländern, die der **Erwerbsbesteuerung** gemäß des Bestimmungslandsprinzips unterliegen, ihren jeweiligen zuständigen Finanzämtern mitteilen. Dies geschieht durch Angabe in den laufend abzugebenden **Umsatzsteuer-Voranmeldungen**. Durch diese Meldungen werden Verschiebungen des Umsatzsteueraufkommens in den einzelnen Mitgliedsstaaten der Europäischen Union vermieden, die ansonsten wegen der unterschiedlichen Höhen der jeweiligen Steuersätze in den einzelnen Ländern unweigerlich entstünden und ggf. zu Wettbewerbsnachteilen bzw. -vorteilen führten. Die Finanzbehörden der einzelnen Mitgliedsstaaten gleichen dann über einen zentralen europäischen elektronischen Datenverbund die von den Unternehmern angemeldeten innergemeinschaftlichen Lieferungen und Erwerbe europaweit ab.

Die Anmeldung der innergemeinschaftlichen **Warenlieferungen** erfolgt in einer *Zusammenfassenden Meldung (ZM)* (§ 18a UStG), die die Unternehmer den jeweiligen nationalen Finanzbehörden einzureichen haben.

Die USt-Id-Nummern der Warenverkäufer werden auch in den Zusammenfassenden Meldungen (ZM) des Lieferers aufgeführt, wodurch sich die steuerfreien innergemeinschaftlichen Lieferungen den steuerpflichtigen innergemeinschaftlichen Erwerben zuordnen lassen. Hierdurch kann sichergestellt werden, dass der Erwerber die Leistung auch versteuert. Insofern dienen die Zusammenfassenden Meldungen ebenfalls reinen Kontrollzwecken zur Überwachung der innergemeinschaftlichen Warenströme nach Wegfall der Grenzkontrollstellen. Zahlungen sind mit ihnen nicht verbunden.

Damit der Abgleich der Warenströme über die Umsatzsteuer-Identifikationsnummer der beteiligten Unternehmer praktisch erfolgen kann, **muss** die **Umsatzsteuer-Identifikationsnummer** des
- Lieferers und des
- Abnehmers

stets in der **Rechnung** über die steuerfreie innergemeinschaftliche Lieferung angegeben werden (§ 14a UStG). Ebenso muss die Umsatzsteuer-Identifikationsnummer des Abnehmers und des Lieferers in den jeweiligen zusammenfassenden Meldungen enthalten sein.

Sofern beim Abgleich der innergemeinschaftlichen Lieferungen mit den innergemeinschaftlichen Erwerben Differenzen auftreten, erhalten die zuständigen Finanzämter der jeweiligen

---

[47] Vergleiche die Ausführungen des Gliederungspunktes 17.

[48] Vgl. UStR 13a.

betroffenen Unternehmer Mitteilungen, auf Grund derer weitere Prüfungen eingeleitet werden können.

Zur Abgabe von Zusammenfassenden Meldungen sind nach § 18a Abs. 1 UStG die umsatzsteuerlichen Unternehmer (§ 2 UStG) verpflichtet, die innergemeinschaftliche Warenlieferungen ausgeführt haben. Kleinunternehmer nach § 19 Abs. 1 UStG haben keine Zusammenfassenden Meldungen abzugeben (§ 18a Abs. 1 S. 3 UStG).[49]

Grundsätzlich ist das **Kalendervierteljahr** der Meldezeitraum für die Zusammenfassenden Meldungen (§ 18a Abs. 1 S. 1 und Abs. 6 UStG), die die umsatzsteuerlichen Unternehmer an das Bundesamt für Finanzen (Bundeszentralamt für Steuern) in Saarlouis grundsätzlich elektronisch bis zum zehnten Tag nach Ablauf des Meldezeitraums zu übermitteln haben.

Sofern eine Dauerfristverlängerung für die Abgabe von Umsatzsteuer-Voranmeldungen besteht, gilt sie entsprechend auch für die Zusammenfassenden Meldungen. Die §§ 46 – 48 UStDV gelten entsprechend.

Bei verspäteter Abgabe der Zusammenfassenden Meldungen kann ein **Verspätungszuschlag** festgesetzt werden (§ 18a Abs. 8 UStG iVm. § 152 AO). Es sind aber nur für die Kalendervierteljahre Zusammenfassende Meldungen abzugeben, in denen auch innergemeinschaftliche Lieferungen ausgeführt wurden. So genannte Nullmeldungen sind nicht zu übermitteln.

Eine Zusammenfassende Meldung gibt nur der **Lieferer** der innergemeinschaftlichen Lieferung und nicht der Erwerber ab. Er meldet seine innergemeinschaftlichen Erwerbe – wie zuvor ausgeführt – über die laufenden **Umsatzsteuer-Voranmeldungen** an.

In der Zusammenfassenden Meldung führt der **Lieferer** alle innergemeinschaftlichen Lieferungen iSd. § 6a UStG auf, indem er die Umsatzsteuer-Identifikationsnummer jedes einzelnen Erwerbers und die auf ihn entfallende Summe der Bemessungsgrundlagen der an ihn ausgeführten innergemeinschaftlichen Warenlieferungen mitteilt (§ 18a Abs. 4 UStG). Daneben gibt der liefernde Unternehmer zwar auch in seinen laufenden Umsatzsteuer-Voranmeldungen die Gesamtsumme der im jeweiligen Voranmeldungszeitraum in Rechnung gestellten innergemeinschaftlichen Lieferungen an, aber ohne weitere Differenzierung nach Ländern oder Abnehmern (§ 18b UStG). Sofern noch keine Rechnung über die innergemeinschaftliche Lieferung ausgestellt wurde, sie aber schon ausgeführt ist, muss sie spätestens in der Umsatzsteuer-Voranmeldung enthalten sein, die dem Monat der Ausführung folgt (§ 18b S. 2 UStG).

---

[49] Die Kleinunternehmer führen keine steuerfreien innergemeinschaftlichen Lieferungen aus (§ 19 Abs. 1 S. 4 UStG), weshalb umgekehrt bei einem Erwerb von einem ausländischen Kleinunternehmer auch keine Erwerbsbesteuerung erfolgen kann (§ 1a Abs. 1 Nr. 3 Buchst. b UStG). Vergleiche die Ausführungen unter den Gliederungspunkten 17.1.4 , 17.1.6 und 17.2.2.

Die am innergemeinschaftlichen Warenverkehr teilnehmenden Unternehmer können nach § 18e UStG bei dem Bundeszentralamt für Steuern auf Anfrage hin die Gültigkeit der Umsatzsteuer-Identifikationsnummer ihrer Geschäftspartner überprüfen lassen. Hierbei wird unterschieden zwischen der

* einfachen Bestätigung und der
* qualifizierten Bestätigung.

Bei der **einfachen Bestätigung** wird die Gültigkeit der Umsatzsteuer-Identifikationsnummer bestätigt. Bei der **qualifizierten Bestätigung** kann der anfragende Unternehmer sich zusätzlich den Namen und die Anschrift seines Geschäftspartners bestätigen lassen.

Die Bestätigungsanfrage beim Bundeszentralamt für Steuern kann schriftlich, telefonisch, per Telefax oder per E-Mail erfolgen.[50]

Die Überprüfung (Bestätigungsverfahren) der Umsatzsteuer-Identifikationsnummer von Geschäftspartnern sollte immer dann erfolgen, wenn Geschäftsbeziehungen zu neuen Kunden aufgenommen werden oder bei denen Zweifel an der Gültigkeit einer erteilten Umsatzsteuer-Identifikationsnummer bestehen.

Hintergrund dieser Überprüfungsmöglichkeit ist, dass der Lieferer der Ware im Rahmen der innergemeinschaftlichen Lieferung die Waren nur dann steuerfrei liefern darf, wenn der Erwerber ein Unternehmer ist, der der Umsatzbesteuerung im Bestimmungsland unterliegt. Nachgewiesen wird dieser Status durch die Umsatzsteuer-Identifikationsnummer.

Sofern der Abnehmer gegenüber dem (deutschen) Lieferer hierüber falsche Angaben macht, bleibt die Lieferung des (deutschen) Unternehmers dennoch steuerfrei. Voraussetzung ist aber, dass der (deutsche) Lieferer trotz Beachtung der im Verkehr erforderlichen Sorgfalt die Angaben nicht als falsch erkennen konnte (Vertrauensschutzregelung; § 6a Abs. 4 UStG). Wenn dies beachtet wird, haftet der Lieferer nicht für die Steuer, die sich aus der falschen Angabe des Abnehmers ergibt.

Insofern sollte der (deutsche) Lieferer sich bei erstmaligen Kundenkontakten die Umsatzsteuer-Identifikationsnummer bestätigen lassen, insbesondere dann, wenn der Kunde steuerfrei mit Waren beliefert werden möchte, die auch für den privaten Lebensbedarf verwendet werden könnten oder die nicht zu dem angegebenen Gewerbe des Abnehmers passen.

---

[50] Bundeszentralamt für Steuern, Dienstsitz Saarlouis, 66738 Saarlouis, Tel.: 06831/456-0, Fax: 06831-456-120, E-Mail: poststelle-saarlouis@bzst.bund.de, Internet: www.bzst.bund.de.

Beispiel:

Der selbständige Metzgermeister Louis aus Frankreich möchte erstmalig bei dem deutschen Unternehmer Klavier Heinrich, Köln, unter Angabe seiner französischen Umsatzsteuer-Identifikationsnummer steuerfrei ein Klavier kaufen.

In dieser Situation sollte der deutsche Lieferant keine steuerfreie Lieferung vornehmen, sondern bspw. durch eine Vertragsklausel sicherstellen, dass die Umsatzsteuer vom Abnehmer zunächst gezahlt wird. Der deutsche Lieferer verpflichtet sich im Gegenzug die Umsatzsteuer sofort zu erstatten, sobald die Voraussetzungen für eine steuerfreie Lieferung durch den französischen Metzgermeister nachgewiesen sind.

Fragen und Lösungen

1. Wozu berechtigt die Umsatzsteuer-Identifikationsnummer?
   Die Umsatzsteuer-Identifikationsnummer berechtigt den umsatzsteuerlichen Unternehmer am innergemeinschaftlichen Warenverkehr teilzunehmen.

2. Welche Aufgabe hat die Umsatzsteuer-Identifikationsnummer?
   Die Umsatzsteuer-Identifikationsnummer dient den europäischen Finanzbehörden als Kontrollmittel. Hierdurch sind sie in der Lage zu überprüfen, ob das Bestimmungslandprinzip durch die beim innergemeinschaftlichen Warenverkehr beteiligten Unternehmer eingehalten wurde. Das Bestimmungslandprinzip fordert, dass die Umsatzbesteuerung (nur) im Bestimmungsland der Ware erfolgt (innergemeinschaftlicher Erwerb) und nicht in dem Mitgliedsstaat, in dem die Beförderung/ Versendung beginnt (innergemeinschaftliche Lieferung).

3. Wie erhält man eine Umsatzsteuer-Identifikationsnummer in Deutschland?
   Die Umsatzsteuer-Identifikationsnummer wird vom Bundeszentralamt für Steuern in Saarlouis zentral für die umsatzsteuerlichen Unternehmer auf schriftlichen Antrag hin erteilt.

4. Skizzieren Sie kurz, wie die europäischen Finanzbehörden die innergemeinschaftlichen Warenbewegungen hinsichtlich der Besteuerung kontrollieren.
   Beim innergemeinschaftlichen Warenverkehr hat der liefernde Unternehmer in seiner Rechnung zwingend die Umsatzsteuer-Identifikationsnummer von sich selbst und die des Erwerbers anzugeben. Daneben hat er beide Umsatzsteuer-Identifikationsnummern in seiner Zusammenfassenden Meldung aufzuführen, die er dem Bundesamt für Finanzen in Saarlouis elektronisch übermittelt. Der Erwerber hat seinen innergemeinschaftlichen Erwerb ebenfalls den Finanzbehörden über die laufenden Umsatzsteuer-Voranmeldungen mitzuteilen. Zwischen den europäischen Finanzbehörden existiert ein elektronischer Datenverbund, über den dann ein Abgleich der gemeldeten Lieferungen mit den gemeldeten Erwerben erfolgt.

5. Was ist eine *Zusammenfassende Meldung*?

   Eine Zusammenfassende Meldung ist eine Datenübermittlung von einem Unternehmer an das Bundesamt für Finanzen in Saarlouis, in der er seine ausgeführten steuerfreien innergemeinschaftlichen Lieferungen mitteilt.

6. Welcher Inhalt wird durch die *Zusammenfassende Meldung* übermittelt?

   Der innergemeinschaftliche Lieferungen ausführende Unternehmer meldet sämtliche Umsatzsteuer-Identifikationsnummer der Erwerber und die Bemessungsgrundlagen der an sie im Meldezeitraum ausgeführten Lieferungen.

19 Warenbewegungen mit Drittländern

Die Warenbewegungen mit Drittländern (bspw. Japan, USA, Schweiz, Russland, ...) teilen sich auf in:

- Ausfuhren
- Einfuhren

Eine **Ausfuhrlieferung** liegt vor, wenn bei einer Lieferung der Gegenstand vom Inland (Deutschland) in ein **Drittlandsgebiet**[51] gelangt.

Eine **Einfuhrlieferung** liegt vor, wenn aus einem Drittland eine Lieferung in das **Inland** (Deutschland) erfolgt.

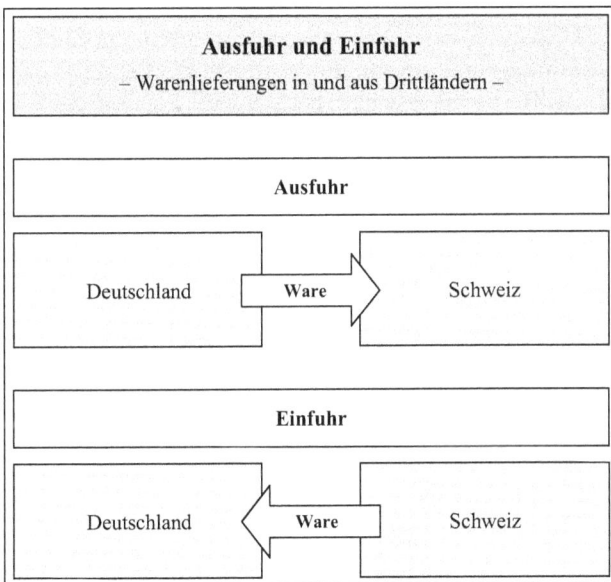

Abb. 19.1: Ausfuhr und Einfuhr

---

[51] Zum Drittlandsgebiet vergleiche die Ausführungen unter dem Gliederungspunkt 6.6.

19.1   Ausfuhr

Bei der **Ausfuhrlieferung** liegt eine steuerbare Lieferung nach § 1 Abs. 1 Nr. 1 UStG vor, bei der der Gegenstand der Lieferung in das Drittlandsgebiet gelangt (§ 6 UStG).

Durch § 4 Nr. 1a UStG wird die Ausfuhrlieferung aber **steuerfrei** gestellt. Das heißt, der Lieferer verkauft seine Ware ohne Umsatzsteuer zum Nettopreis und stellt auch eine Rechnung ohne Umsatzsteuer an den Abnehmer aus.

Im Umkehrschluss resultiert hieraus dann die Frage, ob der liefernde Unternehmer aus seinen bezogenen Vorleistungen, die er zur Ausführung dieser steuerfreien Ausfuhrlieferung verwendet hat, noch die **Vorsteuer** aus den entsprechenden Eingangsrechnungen geltend machen darf. Nach § 15 Abs. 3 UStG gehört die Ausfuhrlieferung zu der Gruppe der Steuerbefreiungen, die den Vorsteuerabzug nicht ausschließen. Folglich kann der leistende Unternehmer die gezahlte Umsatzsteuer aus seinen Eingangsrechnungen als Vorsteuer gegenüber den Finanzbehörden geltend machen und somit eine vollständige Entlastung von der Umsatzsteuer erreichen.

Die Voraussetzungen für die Steuerbefreiung der Ausfuhrlieferungen sind vom leistenden Unternehmer durch Ausfuhrnachweise (§§ 8 – 17 UStDV) und Buchnachweise (§ 13 UStDV) nachzuweisen (§ 6 Abs. 4 UStG), die ebenfalls wie bei der innergemeinschaftlichen Lieferung einer **zehnjährigen** Aufbewahrungsfrist unterliegen (§ 8 ff. UStDV; UStR 131 ff.).

Der Käufer im Drittland hat die dort geltenden nationalen umsatzsteuerlichen Vorschriften zu beachten, so dass nach dem **Bestimmungslandprinzip** die Ware ggf. mit der (Einfuhr-) Umsatzsteuer bzw. Verbrauchssteuer des Bestimmungslandes belastet wird.

Soweit die grundsätzlichen Regelungen zur Ausfuhrlieferung, die in der nachfolgenden Grafik zusammenfassend wiedergegeben werden. Anschließend wird noch auf umsatzsteuerliche Besonderheiten eingegangen, die sich aus der Person ergeben, die die Ware befördert/ versendet.

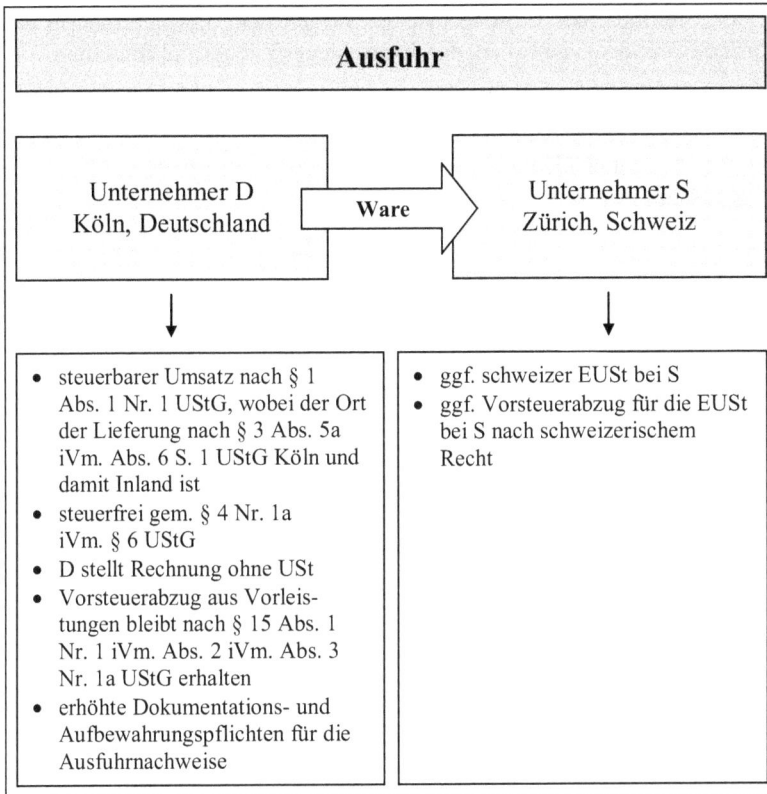

Abb. 19.2: Ausfuhr

Durch § 6 Abs. 1 UStG wird differenziert, ob der

- leistende Unternehmer oder der
- Abnehmer

die Beförderung bzw. Versendung der Lieferung vornimmt. Daran sind unterschiedliche Tatbestandsmerkmale gekoppelt, die für eine steuerbefreite Ausfuhrlieferung erfüllt sein müssen. Dies wird im Einzelnen in den zwei nachfolgenden Gliederungspunkten behandelt.

19.1.1 Der leistende Unternehmer befördert oder versendet die Lieferung

Den Tatbestand der Ausfuhr kann nur ein **umsatzsteuerlicher Unternehmer** nach § 2 UStG verwirklichen. Gemeinnützige Einrichtungen (bspw. DRK) oder Hoheitsträger (bspw. Bundeswehr), die Gegenstände in ein Drittlandsgebiet schaffen, werden nicht durch § 6 UStG erfasst.

Nach § 6 Abs. 1 Nr. 1 UStG muss der Unternehmer den Gegenstand der Lieferung in das Drittlandsgebiet befördert oder versendet haben, damit eine steuerfreie Ausfuhrlieferung vorliegt.

Hinweis: Der Abnehmer der Lieferung braucht kein ausländischer Abnehmer zu sein und auf seinen Wohnsitz bzw. Sitz kommt es nicht an. Insofern sind auch Ausfuhrlieferungen an Inländer im Ausland umsatzsteuerfrei.

19.1.2   Der ausländische Abnehmer befördert oder versendet die Lieferung

Bei der Ausfuhr der Gegenstände in das Drittlandsgebiet durch den Abnehmer (so genannter **Abholfall**), muss der **Abnehmer** ein **ausländischer Abnehmer** sein (§ 6 Abs. 1 Nr. 2 UStG), damit die Voraussetzungen der steuerfreien Ausfuhrlieferung erfüllt sind.

Ein ausländischer Abnehmer ist eine Person, die ihren Wohnort oder Sitz im Ausland hat (§ 6 Abs. 2 UStG).

Hierbei kommt es nicht auf die Staatsangehörigkeit des Abnehmers an. Damit ist auch ein Deutscher, der auf der Insel Helgoland oder in der Gemeinde Büsingen wohnt, ein ausländischer Abnehmer. Im Umkehrschluss sind in diesem Sinne Gastarbeiter, die ihren Wohnort im Inland haben, folglich keine ausländischen Abnehmer.

Der Begriff *Wohnort* ist nicht identisch mit dem des *Wohnsitzes* nach § 8 AO. Vielmehr ist in diesem Zusammenhang der Wohnort der Ort, an dem der Abnehmer für längere Zeit eine Wohnung genommen hat und sie den örtlichen Mittelpunkt seines Lebens darstellt. Zwar kann eine Person sowohl im Inland als auch im Ausland gleichzeitig einen Wohnsitz begründen, jedoch nur einen Wohnort im Sinne des § 6 Abs. 2 Satz 1 Nr. 1 UStG.

Nicht maßgeblich für die Bestimmung des Wohnortes ist der gewöhnliche Aufenthalt nach der Regelung des § 9 AO, wenngleich die zeitliche Dauer eines Aufenthalts ein wichtiges, aber nicht allein entscheidendes Kriterium für die Wohnortbestimmung darstellt (UStR 129 Abs. 2).

Sofern Unternehmen aufgrund ihrer Rechtsform als umsatzsteuerliche Unternehmer am Markt auftreten, kommt es auf ihren Unternehmenssitz an.

> **Beispiel:**
>
> Die Sandos AG, Bern (Schweiz = Drittlandsgebiet), kauft bei dem Ludwigshafener Chemieunternehmen Bayer AG acht Fässer einer Spezialchemikalie für netto 8.000 Euro. Die Sandos AG holt die acht Fässer mit eigenem LKW aus Ludwigshafen ab und transportiert sie nach Bern.
>
> Die Lieferung ist im Inland steuerbar und bei entsprechenden Buch- und Ausfuhrnachweisen als Ausfuhrlieferung auch steuerbefreit, da die Ware vom Inland in das Ausland durch den ausländischen Abnehmer transportiert wird (Abholfall);(§ 1 Abs. 1 Nr. 1 iVm. § 3 Abs. 6 iVm. § 4 Nr. 1a iVm. § 6 Abs. 1 Satz 1 Nr. 2 UStG). Die Bayer AG erstellt folglich eine Rechnung ohne Umsatzsteuer. Ferner muss sie einen Hinweis auf die Steuerbefreiung in der Rechnung mit aufführen.

19.2   Einfuhr

Eine Einfuhr ist das Verbringen eines Gegenstandes aus einem **Drittland** in das Inland (Deutschland) oder in die österreichischen Gebiete Jungholz und Mittelberg.[52]

Nach § 1 Abs. 1 Nr. 4 UStG ist die Einfuhrlieferung ein **steuerbarer Umsatz**, der – sofern keine Steuerbefreiung nach § 5 UStG greift – auch **steuerpflichtig** ist. Die darauf entfallende Umsatzsteuer wird als *Einfuhrumsatzsteuer* (EUSt) bezeichnet. Sie ist nicht zu verwechseln mit der Erwerbs-(Umsatz-)steuer bei einem innergemeinschaftlichen Erwerb.

Der umsatzsteuerrechtliche Einfuhrtatbestand liegt aber erst und nur dann vor, wenn der Vorgang **im Inland auch steuerbar** ist und damit – sofern nicht nach § 5 UStG steuerbefreit – auch die Einfuhrumsatzsteuerschuld entsteht. Somit ist nicht allein entscheidend, dass der Gegenstand in das Inland gelangt, bspw. in einen Freihafen, sondern, dass er auch in den **zoll- und steuerrechtlich freien Verkehr** überführt wird. Waren bzw. Gegenstände, die sich (noch) in einem zollrechtlichen Nichterhebungsverfahren befinden, erfüllen damit (noch) nicht den Einfuhrtatbestand nach § 1 Abs. 1 Nr. 4 UStG.

Bemessungsgrundlage für die Einfuhrumsatzsteuer ist der **Zollwert** (§ 11 Abs. 1 UStG)[53] und nicht das Entgelt. Der Steuersatz beträgt in Abhängigkeit der Art des Umsatzes nach § 12 UStG entweder 19% oder 7%.

Sofern Nicht-Unternehmer Einfuhren nach § 1 Abs. 1 Nr. 4 UStG tätigen, unterliegen auch sie der Einfuhrumsatzsteuer. Insofern kommt es beim Erwerber nicht auf den Besitz der Unternehmereigenschaft nach § 2 UStG an, so dass auch Privatpersonen umsatzsteuerlich beachtliche Einfuhren tätigen können.

---

[52] Der Begriff der *Einfuhr* wird durch das UStG selbst nicht definiert, wenngleich er der UStR 199 Abs. 2 bzw. aus Art. 7 Abs. 1 der 6. EG-Richtlinie zu entnehmen ist.

[53] Hinweis: In den UStR sind keine Angaben zur Ermittlung des Zollwerts enthalten. Die Zollverwaltung greift auf entsprechende Dienstanweisungen zurück.

Die entrichtete Einfuhrumsatzsteuer kann als **Vorsteuer** nach § 15 Abs. 1 Nr. 2 UStG jedoch nur von umsatzsteuerlichen Unternehmern geltend gemacht werden. Hierbei ist die Entrichtung der Einfuhrumsatzsteuer durch ein zollamtlichen Beleg nachzuweisen (UStR 199 Abs. 1 iVm. UStR 202 Abs. 1). Privatpersonen bleiben mit der Einfuhrumsatzsteuer wirtschaftlich endgültig belastet. Sollte die Einfuhr für den nicht-unternehmerischen Bereich des Unternehmers ausgeführt worden sein, steht auch ihm kein Vorsteuerabzug der Einfuhrumsatzsteuer zu. Er bleibt – wie auch der private Endverbraucher – endgültig damit belastet.

Der umsatzsteuerliche Unternehmer kann somit den Vorsteuerabzug der Einfuhrumsatzsteuer nur dann in Anspruch nehmen, wenn die Einfuhr *für sein Unternehmen ausgeführt* worden ist (§ 15 Abs. 1 Nr. 2 UStG). Dieses Tatbestandsmerkmal hat eine doppelte Bedeutung: Zum einen fordert es, dass der Unternehmer die eingeführte Ware im Rahmen seiner unternehmerischen Tätigkeit zur **Ausführung von Umsätzen** einsetzen muss. Zum anderen muss er zum Zeitpunkt der Abfertigung der Ware in den zoll- und steuerrechtlich freien Verkehr die **Verfügungsmacht** darüber besitzen.

Hinsichtlich der Ortsbestimmung bei Einfuhrlieferungen hält das Umsatzsteuergesetz eine Sondervorschrift im § 3 Abs. 8 bereit.[54] Danach gilt der Ort der Lieferung im **Inland**, wenn der **Lieferer** oder sein Beauftragter **Schuldner** der Einfuhrumsatzsteuer ist. Dies ist immer dann der Fall, wenn in den Kaufverträgen vereinbart ist, dass die Lieferung durch den Lieferer „**verzollt und versteuert**" wird.

Sofern der Lieferer nicht Schuldner der Einfuhrumsatzsteuer ist (Lieferkondition „**unverzollt und unversteuert**"), gilt die grundsätzliche Ortsbestimmungsregel des § 3 Abs. 6 S. 1 UStG, wonach die Lieferung dort als ausgeführt gilt, wo die Beförderung/ Versendung beginnt. Bei einer Einfuhr also im **Drittland**.

Schuldner der Einfuhrumsatzsteuer ist nach § 13a Abs. 2 iVm. § 21 Abs. 2 UStG und den zollrechtlichen Vorschriften die Person, die die Ware zur Überführung in den zoll- und steuerrechtlichen freien Verkehr bei der Zollstelle anmeldet. Hierbei kann die Anmeldung auch durch Beauftragte erfolgen, die in fremden Namen handeln, wie bspw. Frachtführern, Spediteure (UStR 199 Abs. 7).

---

[54] Die Ortsbestimmung nach § 3 Abs. 8 UStG geht der nach § 3 Abs. 6 S. 1 UStG vor.

Beispiel:

Unternehmer S aus Bern (Schweiz = Drittland) liefert Ware (Maschinenteile) an seinen deutschen Kunden in Remagen, dem Unternehmer D, mit eigenem Lkw. Gemäß der im Kaufvertrag vereinbarten Lieferkondition

Fall A: „unverzollt und unversteuert"

Fall B: „verzollt und versteuert"

Umsatzsteuerliche Beurteilung des Falls A:

Da S die Maschinenteile gemäß Vereinbarung *unverzollt und unversteuert* an D liefert, hat D die bei der Einfuhr entstehende Einfuhrumsatzsteuer zu tragen.

Gemäß Sachverhalt transportiert aber S die Ware von Bern nach Remagen. Insofern muss er bei Grenzübertritt die Ware in den zoll- und steuerrechtlichen Verkehr überführen. Dies macht er jedoch im Auftrag und Namen von D. Die verauslagte Einfuhrumsatzsteuer erhält S dann von D erstattet.

S erbringt eine Lieferung, deren Ort nach § 3 Abs. 6 S. 1 UStG Bern (Drittland) ist. Damit liegt für ihn in Deutschland kein steuerbarer Umsatz nach § 1 Abs. 1 Nr. 1 UStG vor. Auch tätigt S keine Einfuhr nach § 1 Abs. 1 Nr. 4 UStG, da gemäß der Lieferkondition die Verschaffung der Verfügungmacht an der Ware *umsatzsteuerlich* nach der Ortsbestimmung (§ 3 Abs. 6 S. 1 UStG) schon in Bern an D erfolgte. In Folge hat D zum Zeitpunkt der Warenabfertigung in den zoll- und steuerrechtlichen Verkehr an der Grenze *umsatzsteuerlich* die Verfügungmacht, auch wenn er nicht in eigener Person, sondern durch einen Dritten die Abwicklung vornehmen lässt.

Der Remagener Unternehmer D tätig eine Einfuhr nach § 1 Abs. 1 Nr. 4 UStG. Die an der Grenze von S für D verauslagte Einfuhrumsatzsteuer kann D nach § 15 Abs. 1 Nr. 2 UStG wieder als Vorsteuer geltend machen, da die Gegenstände für sein Unternehmen in das Inland eingeführt worden sind. Voraussetzung ist aber der Nachweis durch den zollamtlichen Beleg, den S an D auszuhändigen hat. Mit dem Vorsteuerabzug der Einfuhrumsatzsteuer ist D wieder vollständig entlastet.

Umsatzsteuerliche Beurteilung des Falls B:

Auf Grund der vereinbarten Lieferkondition *verzollt und versteuert* hat S die Gegenstände in den zoll- und steuerrechtlich freien Verkehr zu überführen und entrichtet dementsprechend die Einfuhrumsatzsteuer.

Der Ort der Lieferung gilt nach § 3 Abs. 8 UStG als im Inland (Deutschland) gelegen. Folglich führt S (und nicht D) die Ware aus dem Drittland in das Inland nach § 1 Abs. 1 Nr. 4 UStG ein. Nun hat S in seiner Person als umsatzsteuerlicher Unternehmer eine Einfuhr getätigt, da er die Verfügungsmacht an der Ware zum Zeitpunkt der Abfertigung in den zoll- und steuerrechtlich freien Verkehr hatte. S verschafft D *umsatzsteuerlich* erst im Inland (Deutschland) die Verfügungsmacht an der Ware. Dadurch führt S einen steuerbaren Umsatz nach § 1 Abs. 1 Nr. 1 UStG an D aus, der mangels Steuerbefreiung nach § 4 UStG auch steuerpflichtig ist. Die Maschinenteile unterliegen nicht dem ermäßigten Steuersatz, so dass 19% (deutsche) Umsatzsteuer auf die Lieferung entstehen und auch entsprechend in der Rechnung von S an D offen auszuweisen sind. D kann dann die ihm in Rechnung gestellte Umsatzsteuer als Vorsteuer nach § 15 Abs. 1 Nr. 1 UStG geltend machen, so dass er wieder vollständig entlastet wird.

S kann die bei der Einfuhr entrichtete Einfuhrumsatzsteuer nach § 15 Abs. 1 Nr. 2 UStG als Vorsteuer geltend machen, so dass auch er wieder vollständig entlastet wird.

Abwandlung der Fälle A und B:

Ergibt sich eine andere umsatzsteuerliche Würdigung der vorstehenden Fälle, wenn S die Ware nicht selbst mit eigenem Lkw zu D transportieren würde, sondern eine Spedition damit beauftragt hätte bzw. D die Ware selbst abholt?

Lösung: Nein, wer die Beförderung/ Versendung veranlasst bzw. durchführt ist unerheblich. Entscheidend für die Beurteilung ist die vereinbarte Lieferkondition. Eine Spedition handelt jeweils nur als Beauftragter.

Sofern umsatzsteuerliche Unternehmer aus Drittländern aufgrund der Lieferkondition „verzollt und versteuert" Schuldner der Einfuhrumsatzsteuer sind, können Sie sich die entrichteten Beträge als Vorsteuer nach § 15 Abs. 1 Nr. 2 UStG durch die deutschen Finanzbehörden erstatten lassen. Hierzu haben sie sich aber bei den deutschen Finanzbehörden entsprechend registrieren zu lassen.

Die Belastung der Einfuhren mit Einfuhrumsatzsteuer führt zu einer Gleichstellung der importierten Waren mit den inländischen Produkten. Deshalb stimmen die Steuersätze der Einfuhrumsatzsteuer mit denen der Umsatzsteuer im Inland überein.

Ziel ist hierbei, den privaten und vergleichbaren privaten Endverbrauch zu belasten, den unternehmerischen Bereich aber wieder zu entlasten, weshalb die Einfuhrumsatzsteuer als Vorsteuer grundsätzlich abzugsfähig ist.

Hinweis: Der Tatbestand der Einfuhr nach § 1 Abs. 1 Nr. 4 UStG erstreckt sich nur auf **Gegenstände**. Sofern es sich bei der eingeführten Leistung um eine *sonstige Leistung* handelt, wird sie nicht von der Einfuhrumsatzsteuer erfasst. In diesen Fällen hat der Empfänger den Vorsteuerabzug in dem Ausgangsstaat (Drittland) vorzunehmen, soweit dies rechtlich dort vorgesehen ist.

Nachfolgend grafisch zusammenfassend die Ausführungen zur Einfuhr, unterschieden in Fall 1 und 2, bezugnehmend, wer von den Vertragsparteien die Gegenstände jeweils verzollt und versteuert.

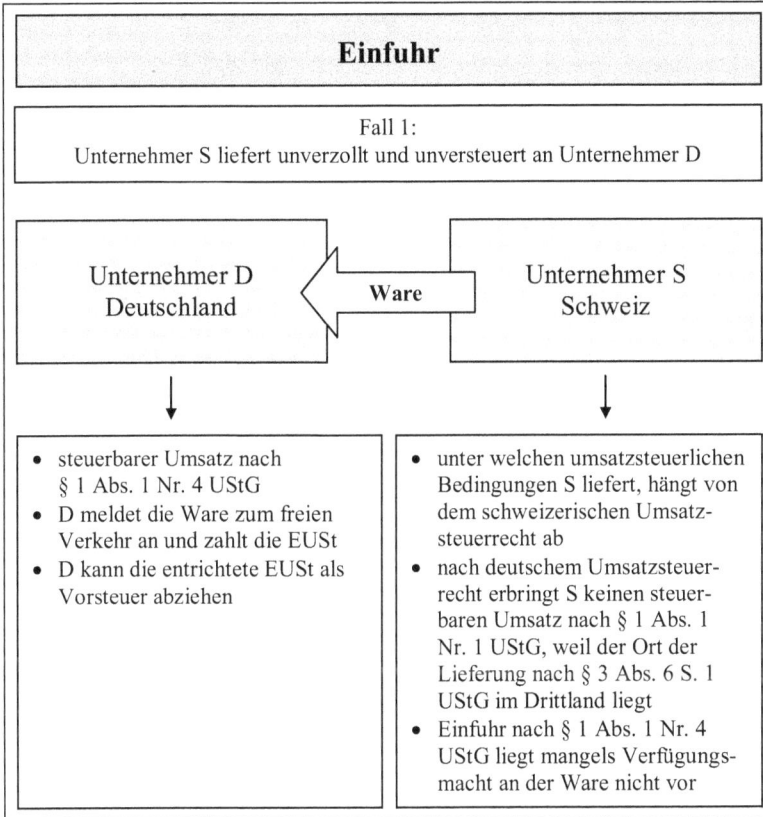

Einfuhr
Fall 1: Unternehmer S liefert unverzollt und unversteuert an Unternehmer D

Unternehmer D Deutschland	⟵ **Ware**	Unternehmer S Schweiz

• steuerbarer Umsatz nach § 1 Abs. 1 Nr. 4 UStG • D meldet die Ware zum freien Verkehr an und zahlt die EUSt • D kann die entrichtete EUSt als Vorsteuer abziehen	• unter welchen umsatzsteuerlichen Bedingungen S liefert, hängt von dem schweizerischen Umsatzsteuerrecht ab • nach deutschem Umsatzsteuerrecht erbringt S keinen steuerbaren Umsatz nach § 1 Abs. 1 Nr. 1 UStG, weil der Ort der Lieferung nach § 3 Abs. 6 S. 1 UStG im Drittland liegt • Einfuhr nach § 1 Abs. 1 Nr. 4 UStG liegt mangels Verfügungsmacht an der Ware nicht vor

Abb. 19.3: Einfuhr, bei der der Empfänger die Ware verzollt und versteuert

Einfuhr

Fall 2:
Unternehmer S liefert verzollt und versteuert an Unternehmer D

| Unternehmer D Deutschland | ⟵ Ware | Unternehmer S Schweiz |

- keine Einfuhr nach § 1 Abs. 1 Nr. 4 UStG, da keine Verfügungsmacht zum Zeitpunkt der Überführung in den zoll- und steuerrechtlichen freien Verkehr
- D erhält Rechnung von S mit USt-Ausweis aufgrund Umsatz nach § 1 Abs. 1 Nr. 1 UStG
- D kann die in Rechnung gestellte USt als Vorsteuer nach § 15 Abs. 1 Nr. 1 UStG abziehen

- Ort der Lieferung ist nach § 3 Abs. 8 UStG das Inland (Deutschland), da der Lieferer Schuldner der EUSt ist
- S tätigt aufgrund Verfügungsmacht Einfuhr an der Ware nach § 1 Abs. 1 Nr. 4 UStG
- S kann die gezahlte EUSt als Vorsteuer nach § 15 Abs. 1 Nr. 2 UStG geltend machen
- S führt einen steuerbaren Umsatz nach § 1 Abs. 1 Nr. 1 UStG an D aus

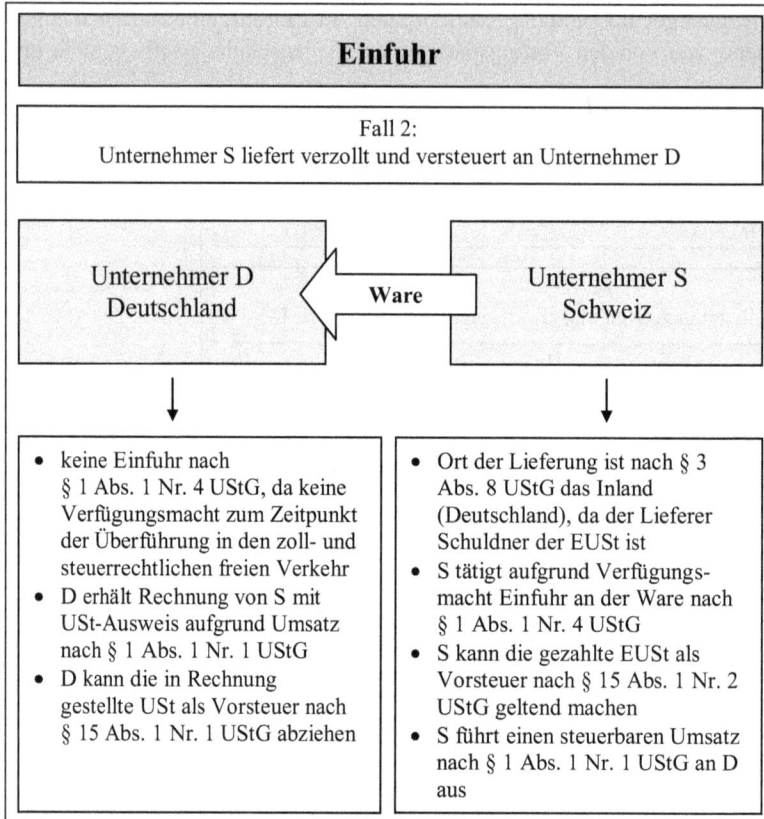

Abb. 19.4: Einfuhr, bei der der Lieferer die Ware verzollt und versteuert

Fragen und Lösungen

1. Wie wird umsatzsteuerlich der Warenverkehr mit Drittländern bezeichnet?
   Wenn Ware vom Inland in das Drittland geliefert wird, handelt es sich um eine *Ausfuhr*. Gelangt die Ware vom Drittland in das Inland, wird dies als *Einfuhr* bezeichnet.

2. Skizzieren Sie die umsatzsteuerliche Behandlung einer Ausfuhr!
   Bei der Ausfuhr handelt es sich um eine steuerbare Lieferung nach § 1 Abs. 1 Nr. 1 UStG, die die Merkmale des § 6 UStG erfüllt. Der steuerbare Umsatz wird jedoch nicht steuerpflichtig, da er durch § 4 Nr. 1a UStG steuerbefreit ist. Der Lieferer stellt somit eine Rechnung ohne Umsatzsteuer aus. Die Ware ist dann vom Leistungsempfänger nach den Regelungen des Bestimmungslandes zu besteuern.

3. Darf der leistende Unternehmer bei steuerfreien Ausfuhrlieferungen nach § 4 Nr. 1a UStG den Vorsteuerabzug aus seinen Vorleistungen wahrnehmen, die mit diesen steuerfreien Ausfuhrlieferungen in Zusammenhang stehen?

   Ja, die steuerfreien Ausfuhrlieferungen gehören zu den Umsätzen, bei denen dem ausführenden Unternehmer der Vorsteuerabzug nach § 15 Abs. 3 Nr. 1a UStG nicht versagt wird. Er kann die in seinen Eingangsrechnungen ausgewiesene Umsatzsteuer als Vorsteuer nach § 15 Abs. 1 Nr. 1 UStG gegenüber der Finanzkasse geltend machen.

4. Welche Besonderheit(en) ist/ sind zu erfüllen bei einer Ausfuhrlieferung, wenn der Erwerber bzw. sein Beauftragter die Beförderung/ Versendung des Gegenstandes vornimmt?

   Damit die Ausfuhrlieferung auch nach § 4 Nr. 1a UStG steuerfrei erfolgen kann, wird durch § 6 UStG bei den so genannten Abholfällen gefordert, dass der Erwerber ein ausländischer Abnehmer sein muss. Hierbei kommt es nicht auf die Staatsangehörigkeit des Abnehmers an, sondern auf seinen Wohnort bzw. Sitz im Ausland. Unerheblich ist, ob der ausländische Abnehmer umsatzsteuerlicher Unternehmer ist.

5. Zeigen Sie die grundsätzliche umsatzsteuerliche Behandlung einer Einfuhr auf!

   Die bei der Einfuhrlieferung erfolgende Lieferung aus dem Drittland in das Inland ist nach § 1 Abs. 1 Nr. 4 UStG ein steuerbarer Umsatz. Sofern der steuerbare Umsatz nicht nach § 5 UStG von der Einfuhrumsatzsteuer befreit ist, wird er steuerpflichtig. Bemessungsgrundlage für die Einfuhrumsatzsteuer ist der Zollwert (§ 11 Abs. 1 UStG). Abhängig von der Art der erhaltenen Lieferung entstehen dann 7% oder 19% Einfuhrumsatzsteuer, die aber wieder als Vorsteuer nach § 15 Abs. 1 Nr. 2 UStG erstattet wird.

6. Erläutern Sie die (Sonder-) Bestimmung des Lieferortes nach § 3 Abs. 8 UStG bei Einfuhren und die umsatzsteuerlichen Folgen.

   Die Regelung nach § 3 Abs. 8 UStG geht der grundsätzlichen Ortsbestimmung einer Einfuhrlieferung nach § 3 Abs. 6 Satz 1 UStG vor. Dies ist immer dann der Fall, wenn der liefernde Unternehmer auf Grund der im Kaufvertrag vereinbarten Lieferkondition die Gegenstände in den zoll- und steuerrechtlich freien Verkehr überführen muss und hierdurch die anfallende Einfuhrumsatzsteuer zu tragen hat. Dann gilt abweichend von § 3 Abs. 6 S. 1 UStG nicht die Lieferung dort als ausgeführt, wo die Beförderung/ Versendung beginnt, sondern nach § 3 Abs. 8 UStG als im Inland (Deutschland) gelegen. Dies hat zur Folge, dass der liefernde Unternehmer eine Einfuhr nach § 1 Abs. 1 Nr. 4 UStG tätigt. Die entrichtete Einfuhrumsatzsteuer kann er nach § 15 Abs. 1 Nr. 2 UStG als Vorsteuer wieder geltend machen. Ferner führt der liefernde Unternehmer einen steuerbaren Umsatz nach § 1 Abs. 1 Nr. 1 UStG an den inländischen Abnehmer aus. Sofern der Umsatz nicht nach § 4 UStG steuerbefreit ist, wird er auch steuerpflichtig, so dass der ausländische liefernde Unternehmer die Umsatzsteuer an die deutschen Finanzbehörden abzuführen hat. Im Gegenzug hat der inländische Erwerber den Vorsteuerabzug nach § 15 Abs. 1 Nr. 1 UStG.

   Sollte jedoch die Lieferkondition für den Lieferer unverzollt und unversteuert lauten, so trägt der inländische Abnehmer die Einfuhrumsatzsteuer und es gilt § 3 Abs. 6 S. 1 UStG, wonach der Ort der Lieferung im Ausgangsstaat liegt. In diesem Fall tätigt der

Erwerber eine Einfuhr nach § 1 Abs. 1 Nr. 4 UStG. Auch ihm steht der Abzug der entrichteten Einfuhrumsatzsteuer als Vorsteuer gem. § 15 Abs. 1 Nr. 2 UStG zu.

20 Steuerschuldnerschaft des Leistungsempfängers

Für bestimmte im Inland ausgeführte Umsätze schulden
- Unternehmer und
- juristische Person des öffentlichen Rechts

als **Leistungsempfänger** die Umsatzsteuer (§ 13b UStG).

Das bedeutet, dass die Leistungsempfänger die auf die erhaltene Leistung entfallende Umsatzsteuer – statt sie an die leistenden Unternehmer zu bezahlen – **einzubehalten** und direkt an die **Finanzkasse** abzuführen haben. Der jeweilige leistende Unternehmer erhält von dem Leistungsempfänger (nur noch) das Entgelt, d.h. den **Nettobetrag ohne Umsatzsteuer**. Damit wird die Steuerschuldnerschaft vom leistenden Unternehmer auf den Leistungsempfänger verlagert (**Reverse-Charge-Verfahren**).

Folgende Umsätze führen zu einer Steuerschuldnerschaft des Leistungsempfängers:[55]
1. Werklieferungen von im Ausland ansässigen Unternehmern
   Hierzu gehören insbesondere die Werklieferungen der Bauunternehmer, Montagefirmen und anderer Handwerksbetriebe, die im Ausland ansässig sind.

2. Sonstige Leistungen von im Ausland ansässigen Unternehmern
   Der Begriff der sonstigen Leistungen richtet sich nach § 3 Abs. 9 UStG, so dass hier unter anderem die Leistungen der Architekten, Künstler und anderer freier Berufe erfasst werden, die im Ausland ansässig sind.

3. Lieferung sicherungsübereigneter Gegenstände
   Hierunter fallen nach § 13b Abs. 1 S. 1 Nr. 2 UStG nur Lieferungen von sicherungsübereigneten Gegenständen außerhalb des Insolvenzverfahrens (Hinweis: Im Rahmen des Insolvenzverfahrens ist § 170 InsO maßgeblich).

4. Lieferung von Grundstücken

---

[55] In der UStR 182a hat der Gesetzgeber zu einzelnen Umsätzen Beispiele aufgeführt.

5. Bauleistungen – außer Planungs- und Überwachungsleistungen

Nach § 13b Abs. 1 S. 1 Nr. 4 UStG gehören dazu insbesondere die Werklieferungen der Bauunternehmer, der Montagefirmen und anderer Handwerksbetriebe. Der Leistungsempfänger wird aber nur dann Steuerschuldner, wenn er selbst ein Unternehmer ist, der nachhaltig Bauleistungen iSd. § 13b Abs. 1 Nr. 4 S. 1 UStG erbringt (§ 13 Abs. 2 UStG).[56]

6. Lieferungen von Erdgas und Elektrizität von im Ausland ansässigen Unternehmern

Der Gesetzgeber verfolgt mit dem Ziel der Steuerschuldnerschaft des Leistungsempfängers die Sicherung der Steueransprüche des Staates und eine Erleichterung des Besteuerungsverfahrens, da sich die im Ausland ansässigen Unternehmer in den genannten Fällen in der Regel nicht im Inland für Steuerzwecke erfassen lassen müssen.

Bei der Steuerschuldnerschaft des Leistungsempfängers entsteht die Steuer mit **Ausstellung der Rechnung**, spätestens jedoch mit Ablauf des Kalendermonats, der der Ausführung der Leistung folgt (§ 13b Abs. 1 S. 1 UStG; UStR 182a Abs. 25).

Bemessungsgrundlage ist das Entgelt (§ 10 Abs. 1 UStG), in dem die Umsatzsteuer nicht enthalten ist.

Als Folge des Übergangs der Steuerschuldnerschaft erweitert § 22 Abs. 1 S. 2 iVm. Abs. 2 Nr. 8 UStG die **Aufzeichnungspflichten** auch auf den Personenkreis der **Leistungsempfänger**, selbst wenn diese keine Unternehmer sind.

Die Leistungsempfänger haben die Umsätze des § 13b Abs. 2 UStG in der Jahresumsatzsteuererklärung und in den Umsatzsteuer-Voranmeldungen nach § 18a Abs. 4a S. 1 UStG den Finanzbehörden zu melden.

Nach § 14a Abs. 4 UStG ist der Leistende zum Ausstellen einer Rechnung verpflichtet, auch wenn er nicht (mehr) selbst Steuerschuldner der Umsatzsteuer ist. In die Rechnung ist der Hinweis auf die Steuerschuldnerschaft des Empfängers aufzunehmen. Ein gesonderter Steuerausweis ist nicht zulässig und würde die Konsequenzen des § 14c Abs. 1 UStG hervorrufen.

Soweit die Leistungen für das Unternehmen des Leistungsempfängers ausgeführt wurden, kann er nach § 15 Abs. 1 S. 1 Nr. 4 UStG den Vorsteuerabzug in Anspruch nehmen.

---

[56] Zu weiteren Einzelheiten und Details siehe das BMF-Schreiben vom 2.12.2004.

Fragen und Lösungen

1. Was bedeutet *Steuerschuldnerschaft* des Leistungsempfängers?
Steuerschuldnerschaft des Leistungsempfängers bedeutet, dass nicht mehr der leistende Unternehmer die Umsatzsteuer, die auf seine ausgeführte Leistung entfällt, an das Finanzamt abführt, sondern der Leistungsempfänger. Dieser zahlt dann nur noch den Betrag des Entgelts, d.h. ohne Umsatzsteuer, an den leistenden Unternehmer und den Betrag der Umsatzsteuer an die Finanzkasse.

2. Warum wurde durch den Gesetzgeber die Regelung der Steuerschuldnerschaft des Leistungsempfängers eingeführt?
Der Gesetzgeber verfolgt mit der Steuerschuldnerschaft des Leistungsempfängers das Ziel seine Steueransprüche zu sichern und zugleich das Besteuerungsverfahren für die im Ausland ansässigen Unternehmer zu erleichtern, die im Inland Leistungen ausführen. Der Vorteil für die im Ausland ansässigen Unternehmer liegt darin, dass sie sich im Inland nicht mehr bei den Finanzbehörden umsatzsteuerlich erfassen lassen müssen.

3. Welcher Personenkreis kommt bei der Steuerschuldnerschaft des Leistungsempfängers als Steuerschuldner in Frage?
Nach § 13b UStG können Steuerschuldner nur umsatzsteuerliche Unternehmer und juristische Person des öffentlichen Rechts sein. Privatpersonen hingegen nicht.

4. Welche Umsätze unterliegen beispielhaft der Steuerschuldnerschaft des Leistungsempfängers?
Der Steuerschuldnerschaft des Leistungsempfängers unterliegen Werklieferungen von im Ausland ansässigen Unternehmern sowie sonstige Leistungen, die von im Ausland ansässigen Unternehmern erbracht werden. Sämtliche Umsätze, die zu einer Steuerschuldnerschaft des Leistungsempfängers führen, sind in § 13b UStG aufgeführt.

5. Wann entsteht die Umsatzsteuer bei der Steuerschuldnerschaft des Leistungsempfängers?
Die Umsatzsteuer entsteht grundsätzlich mit Ausstellung der Rechnung. Spätestens jedoch mit Ablauf des Kalendermonats, der der Ausführung der Leistung folgt.

6. Was stellt die Bemessungsgrundlage für die Umsatzsteuer bei der Steuerschuldnerschaft des Leistungsempfängers dar?
Hier gibt es keinen Unterschied zum „normalen" Besteuerungsverfahren. Das Entgelt stellt die Bemessungsgrundlage für den Steuersatz und damit für die Umsatzsteuer dar.

7. Sind bei der Steuerschuldnerschaft des Leistungsempfängers Besonderheiten bei der Ausstellung der Rechnung vom leistenden Unternehmer zu beachten?
Der leistende Unternehmer hat in der Rechnung den Leistungsempfänger auf seine Steuerschuldnerschaft hinzuweisen bzw. sie in der Rechnung zu vermerken. Ferner darf er keine Umsatzsteuer auf seine ausgeführte Leistung dem Leistungsempfänger in Rechnung stellen, mithin nur das Entgelt, d.h. den Nettobetrag ohne Umsatzsteuer.

8. Hat der Leistungsempfänger als Steuerschuldner einen Vorsteuerabzug?

   Hinsichtlich des Vorsteuerabzugs ändert sich durch die Steuerschuldnerschaft des Leistungsempfängers nichts. Der Vorsteuerabzug ist für den Leistungsempfänger – wie bisher – im Rahmen der Regelungen des § 15 UStG möglich.

21 Wie wird die Umsatzsteuer und Vorsteuer gebucht?

21.1 Wesen der Umsatzsteuer (Mehrwertsteuer)

Fast alle Einkäufe und Verkäufe eines Unternehmens sind mit Umsatzsteuer belegt. Bis die Waren dem Endverbraucher zum Verkauf angeboten werden können, durchlaufen die Produkte i.d.R. mehrere Produktionsstufen. Die anfallenden Kosten und der Gewinn (= Mehrwert) auf jeder dieser Stufen erhöhen den Preis und damit auch die Umsatzsteuer eines Produktes.

Der einzelne Unternehmer führt jedoch nur die Umsatzsteuer an das Finanzamt ab, die auf seinen geschaffenen Mehrwert entfällt. Aus diesem Grunde wird die **Umsatzsteuer** auch als **Mehrwertsteuer** bezeichnet.

Für ein Unternehmen stellt die Umsatzsteuer einen durchlaufenden Posten dar (vgl. Abb. 14.1 auf der Seite 64):
- Die Umsatzsteuer, die beim **Einkauf** anfällt, wird als **Vorsteuer** (**Eingangs**umsatzsteuer) bezeichnet und stellt für den Unternehmer grundsätzlich eine **Forderung** gegenüber dem Finanzamt dar und wird bilanziell unter den Forderungen als *sonstiger Vermögensgegenstand* ausgewiesen.
- Die Umsatzsteuer, die beim **Verkauf** entsteht, wird als Umsatzsteuer (Ausgangsumsatzsteuer) bezeichnet und stellt für den Unternehmer eine **Verbindlichkeit** gegenüber dem Finanzamt dar und wird bilanziell unter den *sonstigen Verbindlichkeiten* ausgewiesen.

Durch Verrechnung der Vorsteuer mit der Umsatzsteuer wird die **Zahllast bzw. Umsatzsteuererstattung** ermittelt.

Der Umsatzsteuerbetrag, der die Vorsteuer übersteigt, wird Zahllast genannt. Dieser Betrag wird vom Unternehmer an das Finanzamt überwiesen.

Übersteigt hingegen die Vorsteuer die Umsatzsteuer, so liegt ein Vorsteuerüberhang vor, den der Unternehmer vom Finanzamt erstattet bekommt.

21.2   Buchen der Vorsteuer (Einkauf)

Der Unternehmer ist verpflichtet, beim Leistungseingang (z.B. Wareneingang) die Entgelte (Nettobeträge) für empfangene Leistungen und die auf diese Entgelte entfallende Umsatzsteuer (Vorsteuer) getrennt aufzuzeichnen (§ 22 Abs. 2 Nr. 5 UStG). Dies macht er über die Konten der Buchführung.

Die in der Eingangsrechnung ausgewiesene Umsatzsteuer (Vorsteuer) begründet für den Unternehmer eine **Forderung** an das Finanzamt und ist somit als Aktivkonto zu führen. Daher wird die beim Leistungseingang in Rechnung gestellte Vorsteuer auf das Konto „**Vorsteuer**" auf der **Soll**seite gebucht.

Bei dem nachfolgenden Beispiel wird somit die Rohstofflieferung auf dem Konto "**Rohstoffe**" nur mit dem **Nettobetrag** belastet. Der **Rechnungsbetrag incl. Umsatzsteuer** des Lieferantens wird auf dem Konto „**Verbindlichkeiten aus Lieferungen und Leistungen**" berücksichtigt.

Beispiel:

Der Händler D. Meier kauft Rohstoffe ein und erhält folgende Eingangsrechnung:

Rohstoffe, netto	500 €
+ 19 % Umsatzsteuer	95 €
= Rechnungsbetrag	595 €

Buchungssatz:

Rohstoffe	500 €			
Vorsteuer	95 €	an	Verbindlichkeiten L+L	595 €

Buchung in T-Konten:

Soll	**Rohstoffe**	Haben		Soll	**Verbindlichkeiten L+L**	Haben
Vblk.	500 €				R/VSt	595 €

Soll	**Vorsteuer 19%**	Haben
Vblk.	95 €	

21.3   Buchen der Umsatzsteuer (Verkauf)

Der Betrag, den der Unternehmer seinen Abnehmern für seine steuerpflichtigen Leistungen berechnet, setzt sich (umsatzsteuerlich gesehen) aus dem Entgelt (Nettoerlös) und der Umsatzsteuer (Ausgangsumsatzsteuer) zusammen.

Der **Nettopreis** wird auf das Konto **Umsatzerlöse** (Ertragskonto) im Haben gebucht. Die darauf entfallene Umsatzsteuer (Ausgangsumsatzsteuer) wird auf das Konto **Umsatzsteuer** gebucht. Dieses Konto hat **Verbindlichkeitscharakter** gegenüber dem Finanzamt und ist daher ein **Passivkonto**.

Beispiel:

Der Händler D. Meier liefert an einen Kunden Waren auf Ziel und stellt folgende Ausgangsrechnung:

	Waren, netto	2.000 €
+	19 % Umsatzsteuer	380 €
=	Rechnungsbetrag	2.380 €

Buchungssatz:

Forderungen L+L 2.380 €   an   Umsatzerlöse   2.000 €
                                 Umsatzsteuer 19 %   380 €

Buchung in T-Konten:

Soll	**Forderungen L+L**	Haben		Soll	**Umsatzerlöse**	Haben
Umsatzerlöse /					Ford.	2.000 €
USt 2.380 €						

Soll	**Umsatzsteuer 19%**	Haben
	Ford.	380 €

21.4   Buchen der Zahllast

Am Ende eines jeden Umsatzsteuer-Voranmeldungszeitraumes ist der Saldo des Kontos „Vorsteuer" (= Forderung) auf das Konto „Umsatzsteuer" (= sonstige Verbindlichkeit) zu übertragen, um die Zahllast (die verbleibende Umsatzsteuerschuld gegenüber dem Finanzamt) buchhalterisch zu ermitteln.

Beispiel:

	Umsatzsteuer auf den Verkauf	380 €
−	Vorsteuer (Umsatzsteuer aus dem Einkauf)	- 95 €
=	Zahllast	285 €

Buchungssatz:

Umsatzsteuer   an   Vorsteuer   95 €

Buchung in T-Konten:

Soll	**Vorsteuer**	Haben		Soll	**Umsatzsteuer**	Haben
Vblk. 95 €	USt	95 €	◄─►	Vorsteuer	95 €	Ford. 380 €
				Zahllast / Bank	285 €	

Nach der Umbuchung weist nun das Konto „Umsatzsteuer" als Saldo die Zahllast aus, die an das Finanzamt vom Unternehmer abzuführen ist.

Der Unternehmer zahlt die Zahllast über das Bankkonto an das Finanzamt. Es ergibt sich folgende Buchung:

z.B.   Umsatzsteuer   an   Bank   285 €

21.5   Buchen des Vorsteuerüberhangs

Ist die entrichtete Vorsteuer betragsmäßig größer als die erhaltene Umsatzsteuer, weil bspw. Investitionen getätigt wurden oder ein Umsatzrückgang vorliegt, entsteht ein Vorsteuerüberhang (Erstattungsanspruch gegenüber dem Finanzamt).

In diesem Fall ist das Umsatzsteuerkonto über das Vorsteuerkonto abzuschließen. Nach der Saldierung ist der Vorsteuerüberhang buchhalterisch auf dem Konto Vorsteuer ermittelt. Es besteht eine Forderung gegenüber dem Finanzamt. Das Finanzamt überweist den Vorsteuerüberhang auf das unternehmerische Bankkonto.

Beispiel:

Umsatzsteuer auf den Verkauf	120 €
– Vorsteuer (Umsatzsteuer aus dem Einkauf)	-480 €
= Vorsteuerüberhang	-360 €

Buchungssatz:

Vorsteuer   an   Umsatzsteuer   120 €

Buchung in T-Konten:

Soll	**Vorsteuer**	Haben	Soll	**Umsatzsteuer**	Haben
Vblk.	480 €	USt 120 € ◄►	Vorsteuer 120 €	Ford.	120 €
		Vorsteuerüber- hang/ Bank 360 €			

Nach der Umbuchung weist nun das Konto „Vorsteuer" als Saldo den Vorsteuerüberhang aus, den das Unternehmen vom Finanzamt erstattet bekommt.

Bei Geldeingang ist zu buchen:
z.B.   Bank   an   Vorsteuer   360 €

Wiederholungsfragen mit Lösungen

1. Wie wird die Umsatzsteuer, die beim Einkauf anfällt, bezeichnet?
   Die Umsatzsteuer, die beim Einkauf anfällt, wird als *Vorsteuer* bezeichnet.

2. Was stellt die Umsatzsteuer, die beim Verkauf entsteht, gegenüber dem Finanzamt dar?
   Die Umsatzsteuer, die beim Verkauf entsteht, stellt für den Unternehmer eine Verbindlichkeit gegenüber dem Finanzamt dar.

3. Wann entsteht eine *Zahllast*?
   Ist in einer Abrechnungsperiode (Umsatzsteuer-Voranmeldungszeitraum) die Umsatzsteuer aus den Verkäufen betragsmäßig größer als die Vorsteuer der Einkäufe, entsteht eine Zahllast.

4. Wann liegt ein *Vorsteuerüberhang* vor?
   Ist in einer Abrechnungsperiode die Vorsteuer betragsmäßig größer als die Umsatzsteuer, entsteht ein Vorsteuerüberhang.

Übungsaufgaben

Bilden Sie die Buchungssätze für folgende Geschäftsvorfälle:
1. Kauf von Waren auf Ziel, die auf das Lager gehen, netto 1.000,00 € + 19 % USt 190,00 €.
2. Kauf eines betrieblich genutzten Pkw auf Ziel, netto 30.000,00 € + 19 % USt 5.700,00 €.
3. Kauf von Büromaterial bar, netto 400,00 € + 19 % USt 76,00 €.
4. Warenverkauf auf Ziel, netto 1.000,00 € + 19 % USt 190,00 €.
5. Barkauf einer Rechenmaschine, netto 1.500,00 € + 19 % USt 285,00 €.
6. Barkauf von Benzin für Pkw, brutto einschl. 19 % USt 59,50 €.
7. Reparaturrechnung für Schreibmaschine, brutto einschl. 19 % USt 78,54 €, noch nicht bezahlt.
8. Barkauf eines Stadtplans, brutto einschl. 7 % USt 9,95 €.
9. Kunde bezahlt offene Rechnung einschl. 19 % USt iHv. 1.190 € (siehe Geschäftsvorfall Nr. 4) per Banküberweisung.

Lösungen

1. Vorräte   1.000,00 €
   Vorsteuer   190,00 €
                                    an   Verbindlichkeiten L+L   1.190,00 €
2. Pkw   30.000,00 €
   Vorsteuer   5.700,00 €
                                    an   Verbindlichkeiten L+L   35.700,00 €
3. Bürobedarf   400,00 €
   Vorsteuer   76,00 €
                                    an   Kasse   476,00 €
4. Forderungen L+L   1.190,00 €
                                    an   Umsatzerlöse   1.000,00 €
                                    an   Umsatzsteuer   190,00 €
5. Betriebs- und Geschäftsausstattung 1.500,00 €
   Vorsteuer   285,00 €
                                    an   Kasse   1.785,00 €
6. Fahrzeugaufwendungen 50,00 €
   Vorsteuer   9,50 €
                                    an   Kasse   59,50 €
7. Reparaturaufwand   66,00 €
   Vorsteuer   12,54 €
                                    an   Verbindlichkeiten L+L   78,54 €
8. sonst. betr. Aufwand   9,30 €
   Vorsteuer   0,65 €
                                    an   Kasse   9,95 €
9. Bank   an   Forderungen L+L   1.190 €

Literaturverzeichnis

Bornhofen, Manfred: Steuerlehre 1 Veranlagung 2002 und 2004, 23. und 25. Auflage, Wiesbaden 2002 bzw. 2004

Bunjes, Johann / Geist, Reinhold (Hrsg.): Umsatzsteuergesetz Kommentar, 7. Auflage, München 2003

Dölfel, Gerhard / Bilsdorfer, Peter / Weimann, Rüdiger / Raudszus, Holger: Steuerrecht, 4. Auflage, Bielefeld 2001

Dt. wissenschaftliches Steuerinstitut der Steuerberater e.V.: Handbuch zur Umsatzsteuer 2002, München 2003

Grefe, Cord: Unternehmenssteuern, 5. Auflage, Ludwigshafen 2001

Hahn, Volker / Kortschak, Hans-Peter: Lehrbuch Umsatzsteuer, 8. und 11. Auflage, Herne / Berlin 2002 und 2007

Homburg, Stefan: Allgemeine Steuerlehre, 2. Auflage, München 2000

Leitzgen, Harald: Umsatzsteuerrecht, 1. und 2. Auflage, Büren 2002 und 2004

Lippross, Otto-Gerd: Umsatzsteuer, 21. und 22. Auflage, Achim 2005 und 2007

Pelka, Jürgen / Niemann, Walter (Hrsg.): Beck'sches Steuerberater-Handbuch 2002 / 2003, München 2002

Rose, Gerd: Umsatzsteuer, 14. Auflage, Wiesbaden 2000

Seßinghaus, Carsten / Sikorski, Ralf: Abgabenordnung / Finanzgerichtsordnung / Umsatzsteuer, 7. Auflage, Herne / Berlin 2002

Völkel, Dieter / Karg, Helmut: Umsatzsteuer, 12. Auflage, Stuttgart 2002

Wehrheim, Michael: Grundzüge der Unternehmensbesteuerung, München 2002

Stichwortverzeichnis

www.ingramcontent.com/pod-product-compliance
Lightning Source LLC
Chambersburg PA
CBHW061818210326
41599CB00034B/7040